DEFTIG VEGAN

schmoren, rösten, grillen,
gratinieren, karamellisieren …

DEFTIG VEGAN

schmoren, rösten, grillen, gratinieren, karamellisieren …

Autorin **Anne-Katrin Weber** Fotos **Wolfgang Schardt**

Grünkern-Kürbis-Risotto

Pulled-Jackfruit-Burger

Ofen-Petersilienwurzeln

Rosmarinkartoffeln mit Zaziki und Dicke-Bohnen-Dip

Ofengeröstete Balsamico-Beten

Schoko-Espresso-Kuchen

Wirsing-Bohnen-Minestrone

Kartoffelknödel mit Pilzragout

Pitabrote mit Röstgemüse und Hummus

Rezepte

Ohne raffinierten Zucker, weizen- und laktosefrei! Und mit Soja-Alternativen!

DU MAGST DEFTIGES ESSEN?

Willkommen, dann bist du hier genau richtig! Vielleicht zweifelst du noch, ob du in diesem Buch fündig werden wirst, da es hier um rein pflanzliche Küche geht?

Ich nehme dich mit auf eine Erlebnistour durch die neue vegane Küche! Vorbei die Zeiten, als man bei veganer Küche automatisch an Verzicht dachte, an all das, was fehlen würde: der deftige, volle Geschmack – den doch nur Fleisch, Eier und Käse liefern. Oder? So viel sei verraten: Veganes Essen kann herrlich deftig schmecken, wenn man es richtig macht. Wie das genau geht, das zeige ich dir auf den folgenden Seiten.

Die vegane Küche hat in den vergangenen Jahren verblüffende Fortschritte gemacht. Sie ist spannend geworden, vielseitig, raffiniert und bunter denn je. Nicht zuletzt deswegen wird der Trend zu einer Ernährung auf Pflanzenbasis ständig stärker. Das freut nicht nur deine Gesundheit und deinen Körper, sondern übrigens auch unseren Planeten. Sehr sogar!

Ich wiederum freue mich, dass du dieses Buch in den Händen hältst und gerade Anregungen für deftige vegane Gerichte suchst. Ob du Veganer bist oder nicht, spielt für mich dabei keine Rolle. Ich bin dankbar für jeden Einzelnen, der leckere, gesunde und abwechslungsreiche pflanzliche Gerichte kochen möchte – egal, ob es dir dabei mehr um das Tierwohl geht, um die Auswirkungen der Agrarwirtschaft auf die Umwelt oder um deine Gesundheit. Vielleicht suchst du auch einfach nur nach Abwechslung am Esstisch? Jeder ist willkommen und findet in den gut 80 Rezepten reichlich Inspiration.

Was mir ganz besonders wichtig ist? Dass sich herzhafte pflanzliche Küche und eine ausgewogene, genussvolle Ernährung nicht ausschließen. In meinen Rezepten versuche ich deshalb, die gesundheitlichen Vorteile der veganen Ernährung mit dem vollen deftigen Geschmack, den wir alle so lieben, zu verbinden. So, dass du nach dem Essen satt, zufrieden und glücklich bist. Und dir direkt überlegst, welches Rezept du als nächstes ausprobieren möchtest.

Ich wünsche dir viel Freude beim Entdecken, Kochen und Genießen!

Anne-Katrin Weber

Anne-Katrin Weber

DIE FÜNF GESCHMACKSRICHTUNGEN

Vorwort von Niko Rittenau

Gesundes Essen muss schmackhaft sein – und schmackhafte Gerichte sollten dennoch möglichst gesund sein. Diese Maxime lege ich selbst als Ernährungswissenschaftler an alle Rezeptentwicklungen und auch Anne-Katrin Weber hat das im vorliegenden Buch gekonnt umgesetzt – viel Gemüse, Hülsenfrüchte und Nüsse ziehen sich durch die Rezepte und dank des Fokus auf deftige Zubereitungsmethoden und umamireiche Lebensmittel werden die Gerichte mit Sicherheit auch Fleischliebhabern hervorragend schmecken.

Wenn die vegane Küche mal nicht gut schmeckt, liegt das in den allermeisten Fällen mehr am Koch als an den Zutaten, denn tierische Lebensmittel haben kein Monopol auf irgendwelche Geschmäcker. Viele der Geschmackserlebnisse, die wir mit Fleisch und Käse verbinden, können durch die richtige Lebensmittelauswahl und Zubereitungstechniken auch in vegane Gerichte gebracht werden. Dabei geht es nicht darum, ein und dieselben fleischhaltigen Gerichte vegan nachzuahmen, sondern die deftigen Geschmackserlebnisse traditioneller Gerichte in einem neuen Gewand in die vegane Gemüseküche zu bringen.

Anne-Katrin Weber versteht es in diesem Buch vorzüglich, richtig viel Umami zu kreieren und durch die Kombination unterschiedlicher Geschmacksrichtungen und Texturen Spannung am Teller zu erzeugen. Neben den vier klassischen Hauptgeschmacksrichtungen süß, sauer, salzig und bitter ist umami die fünfte offiziell anerkannte Geschmacksrichtung und mitverantwortlich dafür, dass wir deftige Klassiker so lieben. Darüber hinaus wird in der Wissenschaft seit einigen Jahren „fett" als sechste Geschmacksrichtung diskutiert, da man eigene Geschmacksrezeptoren dafür im Mundraum entdeckt hat. Menschen haben eine evolutiv geprägte Vorliebe für viele dieser Geschmacksrichtungen und daher gilt es, diese zu bedienen, wenn man bei seinen Gästen punkten möchte. Die Vorliebe für fetthaltige, deftige, süße und salzige Lebensmittel war in der Evolution des Menschen von großer Bedeutung, weil sie sicherstellte, dass unsere Vorfahren stets kalorien- und nährstoffdichte Lebensmittel an ihrem reichhaltigen (= fettreich), umamihaltigen (= proteinreich) sowie süßen (= kohlenhydratreich) und salzigen (= mineralstoffreich) Geschmack erkennen konnten. Vor allem beim Fett gilt daher (sowohl aus kulinarischer als auch gesundheitlicher Sicht), nicht zu fettarm zu kochen, da ansonsten ein wichtiger Geschmacksaspekt in Gerichten verloren geht. Entgegen der verbreiteten (ungerechtfertigten) Fettphobie vergangener Jahrzehnte zeigen Untersuchungen deutlich, welchen großen gesundheitlichen Wert gesunde Fette in der

Niko Rittenau
Ernährungswissenschaftler, Autor der Bestseller „Vegan-Klischee ade!" und „Vegan-Klischee ade! Das Kochbuch"

Ernährung des Menschen haben. Anne-Katrin Weber greift in den Rezepten dieses Buches zu großen Teilen zu Olivenöl und verwendet damit eines der besten Öle, das aufgrund seines hohen Anteils an einfach ungesättigten Fettsäuren hitzebeständig genug ist, um auch zum Kochen und Braten verwendet zu werden und gleichzeitig in Studien mit positiven Effekten auf die menschliche Gesundheit in Verbindung steht. Zu Recht nannte Hippokrates Olivenöl einst den „großen Heiler" und Homer bezeichnete es als „flüssiges Gold".

Der Fokus dieses Werks liegt aber ganz klar auf der fünften Geschmacksrichtung umami. Geprägt wurde dieses Wort Anfang des 20. Jahrhunderts in Japan und steht dabei für kräftig, deftig, würzig und fleischig. Diese spezielle Geschmacksnote wird unter anderem durch gewisse Aminosäuren (Bausteine der Proteine) wie die natürlich in vielen proteinreichen Lebensmitteln vorkommende Glutaminsäure hervorgerufen, kann aber auch durch Zubereitungstechniken wie Backen und Braten durch die Entstehung von Röstaromen erzeugt werden. Das ist auch der Grund dafür, dass man fleischige Geschmackserlebnisse in fleischlose Gerichte integrieren kann, weil es nicht das Fleisch per se, sondern lediglich gewisse Bestandteile bzw. Küchentechniken sind, die den typischen deftigen Fleischgeschmack liefern. Neben fermentierten Lebensmittel wie Tempeh, der auch in diesem Buch im Rezept für den Blumenkohl-Fried-„Rice" mit Tempeh und Zuckerschoten verwendet wurde, enthalten zahlreiche andere vegane Lebensmittel wie Pilze, Hefeflocken, Sojasauce, Misopaste, Tomatenmark die begehrte Umami-Note. All diese Lebensmittel finden entsprechend häufig Verwendung in diesem Kochbuch und helfen, zusammen mit der Verarbeitung der Lebensmittel Geschmackserlebnisse zu kreieren, die rundum zufriedenstellen. So wird unter Gästen die Frage nach dem fehlenden Fleisch in den Rezepten erst gar nicht aufkommen.

Ich bin zuversichtlich, dass alle Leser dieses Buches in den Rezepten eine ganze Reihe an neuen Inspirationen für die eigene Alltagsküche finden werden, und wünsche in diesem Sinne viel Freude beim Ausprobieren und Nachkochen der Gerichte!

Beste Grüße und guten Appetit, Niko Rittenau

DIE FÜNF SÄULEN

der veganen Ernährung

Hülsenfrüchte, Getreide, Gemüse, Obst, Nüsse und Samen: Das sind die Pfeiler der veganen Küche. Diese Nahrungsmittelgruppen versorgen uns mit den Hauptnährstoffen sowie vielen weiteren gesundheitsfördernden Inhaltsstoffen, also den Vitaminen, Mineralstoffen, Ballaststoffen und der Gruppe der sekundären Pflanzenstoffe. Dennoch gibt es bei der veganen (und auch vegetarischen) Ernährung durchaus kritische Nährstoffe, allen voran das viel diskutierte Vitamin B_{12}. Weniger bekannt ist, dass es auch bei Vitamin B_2, Vitamin D, bei Calcium, Jod, Selen und Zink zu einer Unterversorgung kommen kann.

Hülsenfrüchte

Erbsen, Bohnen, Linsen oder Lupinen sind die wichtigsten pflanzlichen Eiweißlieferanten. Vor allem, wenn du Hülsenfrüchte mit Getreide kombinierst, erhält dein Körper hochwertigstes Protein. Sojabohnen und Produkte aus Soja (wie Tofu oder Tempeh) besitzen wertvolles Eiweiß, manche Menschen vertragen Soja allerdings nicht gut oder lehnen es aus anderen Gründen ab. Vielleicht ist es für diese beruhigend zu wissen, dass Soja aus Bioerzeugung grundsätzlich nicht genmanipuliert ist und in Sojaprodukte, die in Europa hergestellt werden, kein Soja wandert, für das der Regenwald gerodet wird.

Getreide

Getreide wie Weizen, Dinkel, Hafer, Roggen, Gerste, Hirse und Reis sind die gängigen Arten. Wer auf Weizen verzichten muss, sei es aufgrund einer Krankheit oder einer Unverträglichkeit, kann auf andere Getreidearten ausweichen. Alle Rezepte in diesem Buch sind übrigens weizenfrei. Sogenannte Pseudogetreide wie Quinoa, Buchweizen und Amaranth sind glutenfrei und auch sehr eiweißreich, allen voran Quinoa. Kombiniere Getreide sowie Getreideähnliche am besten immer mit Hülsenfrüchten, Kartoffeln oder Nüssen und Samen, das erhöht die biologische Wertigkeit des Eiweißes.

Ob Brot, Nudeln oder Reis: Greife nach Möglichkeit immer zu Vollkornprodukten. Diese enthalten mehr Nährstoffe als „weißes" Getreide, sie sättigen länger und versorgen dich mit Ballaststoffen sowie einem Plus an Vitaminen und Mineralstoffen.

Gemüse

Die DGE empfiehlt, täglich etwa 450 g Gemüse zu essen. Veganer sollten am besten noch mehr Gemüse zu sich nehmen. Das ist für manche(n) gar nicht so leicht zu erreichen, gerade zu Beginn einer Ernährungsumstellung. Probiere es und erhöhe nach und nach den Anteil an Gemüse auf deinem Teller. Gemüse ist nährstoffreich und hat einen positiven Einfluss auf die Gesundheit.

Kaufe Gemüse der Saison! Dann schmeckt es nicht nur am besten, dann ist es meist auch günstiger, vor allem aber kannst du dich so abwechslungsreich durchs ganze Gemüsejahr essen. Dann freust du dich, wenn es im späten Frühjahr wieder frischen Spargel

Hülsenfrüchte, Getreide, Gemüse, Obst, Nüsse und Samen: Das sind die Pfeiler der veganen Küche.

gibt oder du im Herbst ein Kürbisgericht nach dem anderen ausprobieren kannst.

Iss farbenfroh! Guck, dass du viel grünes Gemüse zu dir nimmst, aber auch rotes und gelbes Gemüse. Nicht nur, weil es sich so schön auf deinem Teller macht, nein, es versorgt dich vor allem mit sämtlichen Vitaminen, Mineralstoffen und sekundären Pflanzenstoffen.

Nüsse und Samen

Die fett- und eiweißreichen Kerne galten lange Zeit als Dickmacher und waren entsprechend verschrien. Heute wissen wir, dass Haselnüsse, Cashews und Walnüsse positive Auswirkungen auf die Herzgesundheit haben, sodass die DGE nun eine tägliche Portion Nüsse und Samen empfiehlt. Sie enthalten hochwertige Fette und liefern wirksame sekundäre Pflanzenstoffe, Leinsamen sind außerdem sehr ballaststoffreich und zählen mittlerweile zu den heimischen Superfoods.

Nüsse und Samen sind in vielen Rezepten nicht nur für den nussigen Geschmack unerlässlich, sondern sorgen auch für einen herrlichen Biss und die Knackigkeit, die ein Gericht benötigt, damit es uns rundum zufriedenstellt.

Aus Nüssen und Samen hergestellte Öle versorgen uns mit gesunden Fetten, es gibt sie in großer Auswahl. Meine Empfehlung: Nimm zum Kochen und Braten aromatisches natives Olivenöl extra oder Rapsöl (dieses unbedingt in Bioqualität, da Raps in der konventionellen Landwirtschaft stark mit Pestiziden gespritzt wird). Besondere Öle, zum Beispiel Haselnuss-, Kürbiskern- oder Sesamöl, sind für die kalte Küche geeignet, du kannst sie für Salate und Dips nehmen oder träufelst sie über warme Gerichte.

Obst

Obst zu essen ist die einfachste Möglichkeit, sich seinen Tag zu versüßen. Solltest du fruktoseintolerant sein, kannst du aus gesundheitlichen Gründen aber auch auf Apfel, Banane, Beeren und Co. verzichten. Die DGE empfiehlt allen anderen etwa 250 g pro Tag. Schlemme dich also durch die vitaminreichen Früchte, die du übrigens auch gut mit Herzhaftem kombinieren kannst, ob Granatapfelkerne zum gerösteten Wurzelgemüse, Apfelscheiben im Gratin oder gegrillte Aprikosen zum sommerlichen Salat.

Was macht ein veganes Essen zu einem

DEFTIGEN VEGANEN ESSEN?

Vegane Rezepte gibt es viele. Was aber unterscheidet ein veganes Gericht von einem richtig deftigen veganen Gericht? Für mich sind es mehrere Aspekte, die zusammenkommen. Die Geschmackssensation „deftig" kann man auf unterschiedliche Weise erreichen. Meist ist es das Zusammenspiel mehrerer Aspekte, das bei der Wahl der Zutaten anfängt und mit der Garmethode aufhört. Fangen wir bei der Grundlage an, den Hauptzutaten:

Hülsenfrüchte, deftiges Gemüse und Pilze

Hülsenfrüchte sind nicht nur wahnsinnig gesund, nein, sie sind schon von sich aus deftig. Denke nur an Erbsensuppe, Linsensalat, Bohnengemüse oder Kichererbsen-Hummus.

Unter deftigem Gemüse fasse ich alles an Gemüse zusammen, was dann Saison hat, wenn's draußen kalt wird. Ganz vorn dabei sind alle Wurzelgemüse: Rote Bete, Petersilienwurzeln, Schwarzwurzeln, Sellerie, Topinambur, Pastinaken, Steckrüben und Karotten. Dazu kommen erdig schmeckende Kartoffeln und auch Süßkartoffeln. Kürbis darf natürlich auch nicht fehlen. All diese Gemüsesorten werden im Herbst geerntet, lassen sich den Winter über gut lagern und du kannst sie bis zum Beginn des Frühlings kaufen. Lauch- und Zwiebelgemüse: Ohne die würde es in der Küche deutlich langweiliger zugehen. Oder könntest du ohne Lauch, Zwiebeln, Schalotten und Knoblauch kochen?

Kohl gibt es in unzähligen Varianten, deftig sind sie alle, manche mehr als andere. Kohlrabi ist zum Beispiel eine milde Variante, auch Brokkoli, Blumenkohl oder Romanesco gehören nicht zu den intensiv deftigen Gemüsesorten (hier ist die Wahl der Zubereitung ausschlaggebend, darauf komme ich noch). Die kleinen Rosenkohlsprossen, Wirsing, Weiß- und Rotkohl sind da schon deutlich deftiger.

Pilze, ob Kultur- oder Waldpilze, gehören für mich auch ins deftige Gemüse-ABC. Dazu liefern sie reichlich Eiweiß und sind daher in der veganen Küche eine große Bereicherung. Getrocknete Pilze sind gleich noch mal so deftig – sie liefern nämlich eine Extraportion umami (Was das ist? Auch dazu komme ich noch.), besonders getrocknete Steinpilze und Shiitakepilze.

Wahl weiterer Zutaten

Fangen wir mit den Gewürzen an: Pfeffer, Paprikapulver, geräuchertes Paprikapulver (Pimentón de la Vera) oder geräucherte Chipotle-Chili. Auch eine Prise Rauchsalz sorgt für einen herzhaften Geschmack. Überhaupt: Alles, was geräuchert ist, bringt ein starkes, herzhaftes Aroma mit. Räuchertofu gibt's mittlerweile in vielen Varianten zu kaufen, auch Tempeh bekommst du als geräucherte Variante.

Dann stehen uns mehrere Saucen, Würzmittel und Flüssigkeiten zur Verfügung: ob Senf oder Tamari (glutenfreie Sojasauce), Misopasten von hell bis dunkel, dunkler Aceto balsamico, nicht zuletzt Bier oder

Meist ist es das Zusammenspiel mehrerer Aspekte, das bei der Wahl der Zutaten anfängt und mit der Garmethode aufhört.

Rotwein. Alle flüssigen Würzmittel eignen sich nicht nur zum Würzen, sondern auch zum Marinieren. So bringst du von Anfang an reichlich Würze an wenig intensive Zutaten, zum Beispiel ungewürzter Tofu, Tempeh oder Seitan.

Die fünfte Geschmacksrichtung

Umami, oft auch als fünfte Geschmacksrichtung bezeichnet (neben süß, sauer, salzig und bitter), wird gern mit herzhaft, voll, fleischig oder intensiv umschrieben. Also genau das, was wir an einem deftigen Essen so lieben. In der veganen Küche setzen wir vor allem diese Lebensmittel ein, die reichlich umami in unser Essen bringen: getrocknete Pilze, Nüsse (vor allem Walnüsse), getrocknete Tomaten, Tomatenmark, schwarze Oliven, Algen und Hefeflocken.

Braten, Schmoren, Gratinieren …

Auch die Wahl der Garmethode ist dafür verantwortlich, ob du ein deftiges Essen vor dir hast oder nicht. Beim Braten, Schmoren, Grillen, Backen, Gratinieren, Karamellisieren oder Frittieren werden viele Röststoffe erzeugt, die für den vollen Geschmack sorgen. Daher backe ich den Blumenkohl im Ofen, wo er schön bräunt und eine appetitliche Kruste bekommt. Zwiebelringe werden frittiert, Radicchio wird in der Pfanne gebraten und ein Gemüseauflauf wird goldbraun gratiniert.

Rundum zufrieden

Was für mich noch zu einem Essen gehört, das mich nicht nur satt, sondern so richtig glücklich und zufrieden macht? Dass ein Gericht sowohl mehrere Texturen als auch Geschmacksrichtungen hat. Beispiele gefällig? Bitte schön: Eine cremige, milde Suppe toppe ich mit knackigem Grün oder gerösteten Brotchips. Süße, fruchtige Beeren bekommen eine knusprige Haube aus Haferflocken, Nüssen und Kokos. Einen deftigen Jackfruit-Burger kombiniere ich mit karamellisierten Rotweinzwiebeln, ein sämiges, feuriges Chili bekommt Begleitung durch ofengeröstete Süßkartoffeln und Schokolade. Sicherlich hast auch du Lieblingskombinationen – reichlich Anregung findest du hoffentlich auf den folgenden Rezeptseiten.

Genug der Theorie, ran an den Herd!

SLOW FOOD

Wenn schon, denn schon, hier darf's ein bisschen mehr sein: mehr Zutaten, mehr Schnibbelei, mehr Vorbereitung, mehr Genuss! Die Rezepte auf den nächsten Seiten haben das Zeug, zu deinen Lieblingsrezepten zu werden.

KICHERERBSEN-PIZZETTE

mit Kürbis, Haselnüssen und Majoran

Ich glaube, ich kenne niemanden, der Pizza nicht mag – du etwa? Diese rustikalen, Pizza-ähnlichen Fladen jedenfalls verschwinden schneller vom Blech, als du gucken kannst. Frisch aus dem Ofen schmecken sie einfach unwiderstehlich gut.

Zubereitungszeit 40 Minuten plus ca. 90 Minuten Ruhezeit und 15–20 Minuten Backzeit
Für 4 Stück

Für den Hefeteig
- 400 g Dinkelmehl (Type 630) plus etwas mehr zum Bestäuben
- 100 g Roggenmehl (Type 1150)
- ½ Würfel frische Hefe (21 g)
- 3 EL Olivenöl
- Salz

Für den Belag
- 250 g Kichererbsen aus der Dose (Abtropfgewicht)
- 600 g Hokkaido-Kürbis
- 80 g Haselnusskerne
- 5 EL Olivenöl
- Salz
- 2 TL Chiliflocken
- 8 Stängel Majoran

1 Für den Hefeteig beide **Mehlsorten** in eine Schüssel geben, in die Mitte eine Mulde drücken, die **Hefe** hineinbröseln und mit 100 ml handwarmem Wasser und etwas Mehl vom Rand verrühren. Abdecken und den Vorteig an einem warmen Ort etwa 15 Minuten gehen lassen. 2 175 ml handwarmes Wasser, **Olivenöl** und 1 gehäuften TL **Salz** zum Vorteig geben und kräftig verkneten. Zu einer glatten, weichen Teigkugel formen, in die Schüssel legen und abgedeckt weitere etwa 60 Minuten oder auf das doppelte Volumen gehen lassen. 3 Inzwischen für den Belag die **Kichererbsen** in ein Sieb geben, kalt abbrausen und gut abtropfen lassen. Den **Kürbis** entkernen, waschen und ungeschält in etwa 3 mm dünne Scheiben schneiden. **Haselnüsse** grob hacken, alles in eine Schüssel geben und mit 3 EL **Olivenöl, Salz** und **Chiliflocken** mischen. 4 Zwei Backbleche mit Backpapier auslegen. Den Teig auf einer leicht **bemehlten** Arbeitsfläche kurz durchkneten und vierteln. Jedes Stück zu einem länglichen Fladen ausrollen und auf die Bleche legen. Abgedeckt weitere 15 Minuten gehen lassen. 5 Währenddessen den Backofen auf 200 °C Ober-/Unterhitze (oder 180 °C Umluft) vorheizen. 6 Die Kichererbsen-Kürbis-Mischung auf den Teigfladen verteilen und den **Majoran** darüberstreuen. Die Fladen mit dem restlichen **Öl** beträufeln und im vorgeheizten Ofen 15–20 Minuten knusprig backen.

ohne Soja

Tipp Für den Vorrat kannst du von der würzigen Balsamico-Crema ruhig die doppelte Menge zubereiten, denn die dunkle Sauce hält sich im Kühlschrank wochenlang und passt auch toll zu Kürbis oder Sellerie.

OFENGEBACKENES WURZELGEMÜSE

mit Linsen-Steckrüben-Mus und Balsamico-Crema

Im Ofen gegartes Gemüse schmeckt doch gleich noch einmal so gut, oder? Die großen gelblichen bis violetten Steckrüben schmecken herb-süß und wie eine Mischung aus Karotte, Kohlrabi und Pastinake. Sie werden ab Oktober geerntet und lassen sich den Winter über gut lagern.

Zubereitungszeit 45 Minuten plus ca. 25 Minuten Backzeit
Für 4 Personen

Für die Balsamico-Crema
100 ml Balsamico-Essig
200 ml trockener Rotwein
2 kleine Zweige Rosmarin
1 großzügiger EL Ahornsirup
Für das Mus
400 g Steckrübe
200 g gelbe Linsen
1 Zwiebel
2 Knoblauchzehen
1 EL Olivenöl
1 Lorbeerblatt
Salz
1–2 TL Cayennepfeffer
2–3 TL Zitronensaft
Für das Ofengemüse
400 g Rote Beten
400 g bunte Karotten
4 Zwiebeln
4 EL Olivenöl
2 EL Zitronensaft
1 EL Rosmarinnadeln
Salz
schwarzer Pfeffer aus der Mühle

1 Für die Balsamico-Crema **Balsamico-Essig, Rotwein** und den **Rosmarin** in einem kleinen Topf aufkochen und bei mittlerer Hitze 10–15 Minuten einkochen, bis die Flüssigkeit dickflüssig und auf etwa 6 EL eingekocht ist. Den Rosmarin entfernen, **Ahornsirup** unterrühren und abkühlen lassen. 2 Inzwischen für das Mus die **Steckrübe** putzen, schälen und grob in Stücke schneiden. Die **Linsen** in einem Sieb abbrausen und abtropfen lassen. **Zwiebel** und **Knoblauchzehen** schälen und fein hacken. Das **Olivenöl** in einem Topf erhitzen, Zwiebeln, Knoblauch und Steckrüben darin 3 Minuten unter Rühren andünsten. Linsen, **Lorbeer,** 1 TL **Salz** und 600 ml Wasser dazugeben, aufkochen und bei niedriger Hitze 20 Minuten abgedeckt köcheln lassen, bis alles weich ist. 3 In der Zwischenzeit den Backofen auf 220 °C Ober-/Unterhitze (oder 200 °C Umluft) vorheizen. 4 Für das Ofengemüse von den **Roten Beten** schöne Blätter abschneiden, waschen und beiseitestellen. Beten gut abbürsten (wer mag, schält sie) und in dicke Spalten schneiden. **Karotten** gut abbürsten und längs halbieren. Die **Zwiebeln** schälen und in dicke Scheiben schneiden. 5 Das Gemüse auf einem Backblech mit **Olivenöl, Zitronensaft, Rosmarin, Salz** und **Pfeffer** mischen und im vorgeheizten Ofen auf der mittleren Schiene etwa 25 Minuten backen, bis es gar und schön knusprig ist. Die Betenblätter ganz zum Schluss etwa 5 Minuten mitgaren. Herausnehmen und abschmecken. 6 Inzwischen das Lorbeerblatt aus der Linsenmischung entfernen, in ein Sieb abgießen und die Flüssigkeit auffangen. Das Linsengemüse fein pürieren, dabei nach und nach so viel von der Kochflüssigkeit dazugeben, bis das Püree dicklich-cremig ist. Mit **Salz, Cayennepfeffer** und **Zitronensaft** abschmecken. 7 Linsen-Steckrüben-Mus unter Rühren erhitzen. Dann mit dem Ofengemüse auf vier Tellern anrichten und mit der Balsamico-Crema beträufeln.

ohne Gluten, ohne Soja

GRÜNKOHL-SÜSSKARTOFFEL-

Strudel

Mit diesem Strudel machst du auch Gäste glücklich! Der knusprige Teig umhüllt eine spicy Füllung aus Grünkohl, Süßkartoffeln, Cashews und Rosinen. Da bleibt kein Krümel übrig! Reiche dazu einen frischen Joghurtdip mit Zitronenschale oder Kreuzkümmel.

Zubereitungszeit 60 Minuten plus ca. 30 Minuten Backzeit
Für 4 Personen

Für den Strudelteig
200 g Dinkelmehl (Type 630) plus etwas mehr zum Bestäuben
Salz
2 EL Olivenöl plus etwas mehr zum Bestreichen
1 EL heller Essig
2 EL vegane Margarine
2 TL Schwarzkümmelsamen

Für die Füllung
500 g Süßkartoffeln
500 g Grünkohl
1 Zwiebel
1 Knoblauchzehe
2 EL Olivenöl
6 getrocknete Tomaten in Öl
50 g Cashewkerne
40 g Rosinen
2 TL Ras el-Hanout
1–2 TL Cayennepfeffer
Salz

1. Für den Strudelteig **Mehl,** knapp 1 TL **Salz, Olivenöl, Essig** und 110 ml handwarmes Wasser in eine Rührschüssel geben und mit den Knethaken des Handrührgeräts zu einem elastischen Teig verarbeiten. Mit **Öl** bestreichen, in Frischhaltefolie wickeln und 30 Minuten bei Raumtemperatur ruhen lassen. 2. Inzwischen für die Füllung die **Süßkartoffeln** waschen, in einem Topf mit Wasser bedecken und etwa 20 Minuten knapp gar kochen. Abgießen, kalt abschrecken, schälen und in kleine Stücke schneiden. 3. In der Zwischenzeit den **Grünkohl** von den dicken Stängeln zupfen, gründlich waschen, trocken schleudern und klein zupfen. **Zwiebel** und **Knoblauchzehe** schälen und fein würfeln. Das **Olivenöl** in einem großen Topf erhitzen und die Zwiebeln darin glasig dünsten. Grünkohl und Knoblauch dazugeben und etwa 5 Minuten ohne Deckel garen, bis der Kohl zusammengefallen ist. Die Flüssigkeit sollte verkocht sein, falls nicht, abgießen. Die **Tomaten** abtropfen lassen und klein schneiden. **Cashews** grob hacken. Grünkohl mit Kartoffeln, Tomaten, Cashews, **Rosinen, Ras el-Hanout** und **Cayennepfeffer** mischen und die Füllung mit **Salz** abschmecken. 4. Inzwischen den Backofen auf 200 °C Ober-/Unterhitze (oder 180 °C Umluft) vorheizen. Ein Backblech mit Backpapier auslegen. 5. Den Teig auf einem **bemehlten** Küchentuch dünn ausrollen, dann über beide Handrücken zu einem etwa 45 × 45 cm großen Quadrat ausziehen. Die Füllung auf einer Hälfte des Teiges verteilen, dabei jeweils den Rand frei lassen. Mithilfe des Tuchs aufrollen und auf das Backblech legen. Die **Margarine** zerlassen, den Teig damit bestreichen und mit dem **Schwarzkümmel** bestreuen. Im vorgeheizten Ofen auf der mittleren Schiene etwa 30 Minuten goldbraun backen.

GEWÜRZREIS

— mit Kichererbsen, gegrillten Zucchini und frittierten Zwiebeln —

Dieses Gericht ist ein echtes Glücksrezept, das mit viel Aroma (Kreuzkümmel! Kardamom! Zimt!) und bunter Abwechslung alle Sinne befriedigt und auf gesunde Art satt und zufrieden macht. Das wirst du bestimmt nicht nur einmal kochen.

Zubereitungszeit 65 Minuten
Für 4 Personen

Für den Gewürzreis
2 TL Kreuzkümmelsamen
10 grüne Kardamomkapseln
1 EL Olivenöl
1 TL gemahlener Zimt
200 g Naturreis
Salz
250 g Kichererbsen aus der Dose (Abtropfgewicht)
40 g getrocknete Cranberrys
50 g Mandelkerne
250 ml Öl zum Frittieren
4 Zwiebeln
3 EL Dinkelmehl (Type 630)
3 Zweige Minze
3 Stängel Dill
ca. 3 EL Zitronensaft

Für die Sauce
150 g veganer Joghurt (für sojafrei siehe Tipp auf Seite 79)
50 g Tahin (Sesammus)
Salz
schwarzer Pfeffer aus der Mühle

Für die Zucchini
2 Zucchini (insg. 500 g)
2–3 EL Olivenöl
Salz
schwarzer Pfeffer aus der Mühle

1 Für den Gewürzreis den **Kreuzkümmel** im Mörser grob zerstoßen. Die **Kardamomkapseln** andrücken und die Samen aus den Kapseln lösen. In einem Topf das **Olivenöl** erhitzen. Kreuzkümmel, Kardamomsamen und **Zimt** kurz darin anrösten. **Reis,** 1 TL **Salz** und 500 ml Wasser zugeben, aufkochen und abgedeckt bei niedriger Hitze etwa 25 Minuten garen. 2 Währenddessen die **Kichererbsen** in einem Sieb abbrausen und abtropfen lassen. Nach 15 Minuten Garzeit Kichererbsen und **Cranberrys** zum Reis geben und die letzten 5 Minuten ohne Deckel garen, bis die Flüssigkeit verkocht ist. 3 Inzwischen die **Mandeln** grob hacken, in einer Pfanne ohne Fettzugabe hellbraun rösten und herausnehmen. In der gleichen Pfanne das **Öl** zum Frittieren erhitzen. Die **Zwiebeln** schälen und in feine Ringe schneiden. Im **Mehl** wenden, überschüssiges Mehl abklopfen und portionsweise im heißen Öl knusprig braun frittieren. Herausnehmen und auf Küchenpapier entfetten. 4 **Minze** und **Dill** waschen, trocken schütteln, zarte Stängel fein und Blätter grob hacken bzw. Dillspitzen klein zupfen. 5 Für die Sauce **Joghurt, Tahin** und 2–3 EL Wasser zu einer cremigen Sauce verrühren und mit **Salz** und **Pfeffer** würzen. 6 Für die Zucchini die **Früchte** waschen und längs in etwa 8 mm dünne Scheiben schneiden. Das **Olivenöl** in einer Grillpfanne (oder einer normalen Pfanne) erhitzen und die Zucchinischeiben darin von beiden Seiten kräftig anbraten. Mit **Salz** und **Pfeffer** würzen, herausnehmen. 7 Jeweils die Hälfte der Röstzwiebeln und der Mandeln sowie die Kräuter unter den Gewürzreis rühren und mit **Zitronensaft, Salz** und **Pfeffer** abschmecken. 8 Reis und Zucchini auf vier Tellern anrichten, jeweils mit einem Löffel Tahin-Joghurt-Sauce beträufeln, dann restliche Röstzwiebeln und Mandeln daraufgeben.

ohne Soja

KICHERERBSEN-TOFU

Dieser Tofu, der, wenn man's genau nimmt, natürlich keiner ist, ist eine tolle Alternative zu Tofu aus Sojabohnen. Wer kein Soja essen darf oder möchte, hat mit meinem „Ki-To-Fu" eine Möglichkeit, damit all die Gerichte, die Tofu vorsehen, zuzubereiten.

Zubereitungszeit 10 Minuten plus mind. 2 Stunden Kühlzeit
Für 4–6 Personen

1 TL Salz
150 g Kichererbsenmehl
Öl zum Einfetten

❶ 300 ml Wasser mit dem **Salz** in einem Topf aufkochen. Das **Kichererbsenmehl** mit 200 ml kaltem Wasser in einer Schale gründlich verrühren und unter ständigem Rühren mit einem Schneebesen in das kochende Wasser rühren. Den dicker werdenden Brei etwa 2 Minuten köcheln lassen, dabei ständig mit einem Kochlöffel kräftig rühren, um zu verhindern, dass sich Klümpchen bilden und der Brei anbrennt. Vom Herd nehmen. ❷ Eine kleine Auflaufform oder eine Gefrierdose (etwa 20 × 20 cm) mit **Öl** auspinseln. Den Kichererbsenbrei hineingeben und glatt streichen. Abkühlen lassen, dann abgedeckt mindestens 2 Stunden kalt stellen.

Tipps Den Kichererbsen-Tofu kannst du nach dem vollständigen Festwerden in Würfel oder Scheiben schneiden und wie Tofu aus Sojabohnen verwenden, also anbraten oder in einem Eintopf miterhitzen. Du kannst den Kichererbsen-Tofu auch bereits bei der Zubereitung würzen, zum Beispiel mit 1–2 TL Currypulver oder Garam Masala, wenn du ein indisches Gericht machen möchtest, oder mit 1–2 TL getrocknetem oder frischem Oregano oder Thymian für ein mediterranes Essen. Der Kichererbsen-Tofu hält sich im Kühlschrank 4–5 Tage.

MAIS-TOFU

Zubereitungszeit 10 Minuten plus mind. 60 Minuten Kühlzeit
Für 4–6 Personen

1 TL Salz
150 g Instant-Polenta
Öl zum Einfetten

❶ Für Mais-Tofu 500 ml Wasser mit dem **Salz** aufkochen. **Polenta** mit einem Schneebesen einrühren, die Hitze reduzieren und etwa 2 Minuten zu einem dicken Brei kochen, dabei ständig mit einem Kochlöffel kräftig rühren, um zu verhindern, dass sich Klümpchen bilden und der Brei anbrennt. Vom Herd nehmen. ❷ Eine kleine Auflaufform oder eine Gefrierdose (etwa 20 × 20 cm) mit **Öl** auspinseln. Den Polentabrei hineingeben und glatt streichen. Abkühlen lassen, dann abgedeckt mindestens 60 Minuten kalt stellen.

ohne Gluten, ohne Soja

RAUCHIGE AUBERGINENSUPPE

mit gerösteten Kichererbsen

Ein echtes Dream-Team: Wenn Auberginen auf Kichererbsen treffen, ist der Genuss perfekt. Die Suppe verdankt ihr rauchiges Aroma Pimentón de la Vera, geräuchertem Paprikapulver. Du bekommst es im Feinkostladen oder im Internet. Setze es sparsam ein, sodass es nicht alle anderen Aromen übertönt.

Zubereitungszeit 60 Minuten plus Einweichzeit über Nacht
Für 4 Personen

125 g getrocknete Kichererbsen
800 g Auberginen
250 g Tomaten
4 EL Olivenöl
2 TL gemahlener Kreuzkümmel
Salz
schwarzer Pfeffer aus der Mühle
1 Zwiebel
2 Knoblauchzehen
3 gehäufte EL Tomatenmark
2 TL Harissa
2 TL Ahornsirup
2 EL Zitronensaft
800–900 ml Gemüsebrühe
½ TL Pimentón de la Vera (geräuchertes Paprikapulver)
4 Stängel Dill
4 Zweige Minze

1 Am Vortag die **Kichererbsen** in reichlich kaltem Wasser einweichen. Am nächsten Tag in ein Sieb abgießen, kalt abbrausen und abtropfen lassen. 2 Den Backofen auf 220 °C Ober-/Unterhitze (oder 200 °C Umluft) vorheizen. Zwei Backbleche mit Backpapier auslegen. 3 Die **Auberginen** waschen, längs halbieren, das Fruchtfleisch kreuzweise einschneiden und mit den Schnittflächen nach unten auf das Blech legen. Die **Tomaten** waschen, halbieren und zu den Auberginen legen. Im vorgeheizten Ofen 35 Minuten garen, bis die Auberginen ganz weich sind, dabei zwischendurch einmal wenden. 4 Die Kichererbsen mit 1 EL **Olivenöl,** 1 TL **Kreuzkümmel,** etwas **Salz** und **Pfeffer** mischen und auf dem zweiten Backblech verteilen. 20 Minuten im Ofen mitrösten, bis sie knusprig sind, dann herausnehmen und beiseitestellen. 5 Inzwischen **Zwiebel** und **Knoblauchzehen** schälen und fein würfeln. 1 EL **Olivenöl** in einem Topf erhitzen, Zwiebeln und Knoblauch darin andünsten. **Tomatenmark** und restlichen **Kreuzkümmel** unterrühren und ganz kurz mit anrösten. **Harissa, Ahornsirup, Zitronensaft** und 800 ml **Brühe** dazugeben und aufkochen. Bei kleiner Hitze 10 Minuten ohne Deckel köcheln lassen. 6 Das Auberginenfruchtfleisch mit einem Esslöffel herauslösen, mit den Tomaten zur Suppe geben und fein pürieren. Ist die Suppe zu dick, noch etwas **Brühe** unterrühren. Mit **Salz, Pfeffer** und **Pimentón de la Vera** abschmecken. 7 Die **Kräuter** waschen, trocken schütteln, Blätter und zarte Stängel fein hacken. Die Suppe erhitzen und auf vier Teller verteilen. Die gerösteten Kichererbsen daraufgeben, mit dem übrigen **Olivenöl** beträufeln und die Kräuter darüberstreuen.

ohne Gluten, ohne Soja

Gefüllte MANGOLD-TEIGTASCHEN

Wer kann diesen knusprigen Teigtaschen schon widerstehen? Ich bereite sie am liebsten mit Mangold aus unserem Garten zu, du kannst sie natürlich auch mit Spinat füllen. Übrige Teigtaschen lassen sich gut einfrieren, bei Bedarf auftauen und entweder in der Pfanne kurz anbraten oder im Ofen aufbacken. Fein dazu: ein cremiger Joghurtdip.

Zubereitungszeit 60 Minuten plus 60 Minuten Kühlzeit, 20 Minuten Garzeit und ca. 20 Minuten Backzeit
Für 4 Personen (ca. 20 Stück)

Für den Teig
300 g Dinkelmehl (Type 630) plus etwas mehr zum Bestäuben
1 TL Backpulver
100 g vegane Margarine plus 2 EL mehr zum Bestreichen
Salz
2 EL helle und schwarze Sesamsaat (gemischt)

Für die Füllung
150 g Kartoffeln
250 g Mangold
1 kleine Zwiebel
2 Knoblauchzehen
1 EL Olivenöl
2 EL Rosinen
2 TL Currypulver
Salz
schwarzer Pfeffer aus der Mühle

1 Für den Teig **Mehl, Backpulver, Margarine** in Flöckchen, 1 TL **Salz** und 140 ml handwarmes Wasser mit den Knethaken des Handrührgeräts oder mit den Händen rasch zu einem glatten, elastischen Teig verkneten. Den recht weichen Teig in Frischhaltefolie gewickelt 60 Minuten kalt stellen. 2 Inzwischen für die Füllung die **Kartoffeln** waschen und ungeschält etwa 20 Minuten weich kochen. Kalt abschrecken und etwas abkühlen lassen. 3 Den **Mangold** waschen und gut abtropfen lassen. Die Stiele fein hacken, die Blätter in Streifen schneiden, dann klein hacken. **Zwiebel** und **Knoblauchzehen** schälen und fein würfeln. Die Kartoffeln pellen, in eine Schüssel geben und mit einer Gabel grob zerdrücken. 4 Das **Olivenöl** in einer Pfanne erhitzen und die Zwiebeln darin glasig dünsten. Mangoldstiele zugeben und 2–3 Minuten mit andünsten. Mangoldblätter und Knoblauch hinzufügen und weitere 2–3 Minuten dünsten, bis der Mangold weich ist. Zu den Kartoffeln geben. **Rosinen** und **Currypulver** einrühren und herzhaft mit **Salz** und **Pfeffer** würzen. 5 Den Backofen auf 200 °C Ober-/Unterhitze (oder 180 °C Umluft) vorheizen. 6 Den Teig auf einer leicht **bemehlten** Arbeitsfläche dünn ausrollen und etwa 10 cm große Kreise ausstechen (zum Beispiel mit einer kleinen Bowl). Die Teigreste kurz verkneten, erneut ausrollen und weitere Kreise ausstechen. Jeweils 1 gut gehäuften TL Füllung mittig auf die Teigkreise geben und zusammenfalten, sodass Halbmonde entstehen. Die Teigränder gut festdrücken. 7 Auf zwei mit Backpapier ausgelegte Bleche legen. Die zusätzliche **Margarine** zerlassen und die Teigtaschen damit bestreichen. Mit **Sesam** bestreuen und im vorgeheizten Ofen etwa 20 Minuten backen, bis sie knusprig und schön gebräunt sind.

ohne Soja

RUSTIKALER LINSEN-PIE

mit Selleriepüree

Diese vegane Version einer Shepherd's Pie ist eines meiner Lieblingsessen im Herbst oder Winter. Während das Original Kartoffelpüree enthält, bereite ich es mit Selleriepüree zu, das finde ich noch aromatischer.

Zubereitungszeit 45 Minuten plus 20–30 Minuten Garzeit und ca. 25 Minuten Backzeit
Für 4 Personen

Für das Püree
1 kg Knollensellerie
Salz
3 EL Olivenöl
schwarzer Pfeffer aus der Mühle
2–3 Prisen frisch geriebene Muskatnuss

Für die Linsen
15 g getrocknete Steinpilze
1 Zwiebel
2 Knoblauchzehen
1 dünne Stange Lauch
1 kleine Karotte
2 EL Olivenöl
2 EL Tomatenmark
100 ml Rotwein (alternativ Wasser)
200 g braune oder grüne Berglinsen
1 EL Tamari
½ TL Pimentón de la Vera (geräuchertes Paprikapulver)
Salz
schwarzer Pfeffer aus der Mühle
2 TL Thymianblättchen
4 Stängel glatte Petersilie

(1) Für das Püree **Sellerie** schälen und in Stücke schneiden. In einem Topf mit 1,5 l Wasser bedecken, leicht **salzen,** aufkochen und etwa 15 Minuten weich kochen. Abgießen, dabei das Kochwasser auffangen. Den Sellerie fein zerstampfen, mit **Olivenöl** mischen und mit **Salz, Pfeffer** und **Muskatnuss** abschmecken. (2) Inzwischen für die Linsen die **Steinpilze** in einer Schale mit 150 ml kochendem Wasser übergießen und einige Minuten einweichen. **Zwiebel** und **Knoblauchzehen** schälen und fein würfeln. **Lauch** und **Karotte** putzen, waschen und fein würfeln. Das **Olivenöl** in einem Topf erhitzen und die Zwiebeln darin glasig andünsten. Knoblauch, Lauch und Karotten dazugeben und kurz mit andünsten. Das **Tomatenmark** unterrühren und mit **Rotwein** ablöschen. Die Pilze klein schneiden und mitsamt Einweichwasser, 1 l Selleriekochwasser, **Linsen, Tamari, Pimentón de la Vera,** etwas **Salz, Pfeffer** und **Thymian** hinzufügen und aufkochen. (3) Bei niedriger Hitze 20–30 Minuten köcheln lassen, bis die Linsen gar sind. Bei Bedarf nach und nach etwas Selleriekochwasser angießen – die Linsen sollen jedoch sämig sein, nicht suppig! **Petersilie** waschen, trocken schütteln, die Blätter fein hacken und unterrühren. Die Linsenmischung mit **Salz** und **Pfeffer** abschmecken. (4) Inzwischen den Backofen auf 200 °C Ober-/Unterhitze (oder 180 °C Umluft) vorheizen. (5) Die Linsenmischung in eine Auflaufform füllen und mit dem Selleriepüree bedecken. Im vorgeheizten Ofen auf der mittleren Schiene etwa 25 Minuten backen, bis das Püree leicht gebräunt ist.

KERNIGER NUSSBRATEN

mit Rosenkohlpüree

Der Braten ergibt etwa zwölf Scheiben und damit mehr, als vier gute Esser schaffen. Restlicher Nussbraten schmeckt auch kalt vorzüglich, zum Beispiel mit einem Salat oder Dip als Lunch bei der Arbeit, oder du brätst die Scheiben in etwas Öl kurz an.

Zubereitungszeit 75 Minuten plus 50–60 Minuten Backzeit und 10 Minuten Ruhezeit
Für 4 Personen

Für den Nussbraten
100 g braune oder grüne Berglinsen
200 g gemischte Nüsse (z. B. Haselnuss-, Paranuss-, Cashew- und Walnusskerne)
50 g Leinsamen
2 EL Chiasamen
5 getrocknete Tomaten (nicht in Öl eingelegt)
2 Zwiebeln
2 Knoblauchzehen
1 Bund glatte Petersilie
4 Zweige Thymian
100 g Karotte
100 g Lauch
100 g Champignons
1 EL Hefeflocken
2 EL körniger Senf
3 EL Tamari
Salz
schwarzer Pfeffer aus der Mühle

Für das Rosenkohlpüree
750 g Rosenkohl
Salz
1 Zwiebel
1 EL Olivenöl
125 g Hafersahne
schwarzer Pfeffer aus der Mühle
2 Prisen frisch geriebene Muskatnuss
1 TL abgeriebene Biozitronenschale

Außerdem
Kastenform (25 cm Länge)

1 Für den Nussbraten die **Linsen** in einem Topf mit Wasser bedecken, aufkochen und etwa 20 Minuten gar kochen. In ein Sieb abgießen und gut abtropfen lassen. 2 Inzwischen die **Nüsse** in einer Pfanne ohne Fettzugabe goldbraun rösten. Abkühlen lassen. **Leinsamen** im Blitzhacker fein mahlen, mit **Chiasamen** und 125 ml warmem Wasser verrühren und quellen lassen. Kalte Nüsse und **getrocknete Tomaten** im Blitzhacker nicht zu fein hacken. 3 Den Backofen auf 200 °C Ober-/Unterhitze (oder 180 °C Umluft) vorheizen. 4 **Zwiebeln** und **Knoblauchzehen** schälen und fein würfeln. Die **Kräuter** waschen, trocken schütteln und Blätter fein hacken. Die **Karotte** putzen und grob raspeln. Den **Lauch** putzen, waschen und in feine Ringe schneiden. Die **Champignons** putzen und fein hacken. 5 Alle vorbereiteten Zutaten in eine große Schüssel geben. **Hefeflocken, Senf** und **Tamari** unterrühren, mit **Salz** und **Pfeffer** würzen. Die Kastenform mit Backpapier auslegen und die Linsenmasse mit einem Löffel gleichmäßig hineinstreichen. Im vorgeheizten Ofen auf der mittleren Schiene 50–60 Minuten backen, bis der Braten gut gebräunt ist und sich nahezu fest anfühlt (er wird beim Abkühlen noch etwas fester). Eventuell zwischendurch mit Backpapier abdecken. Herausnehmen und mindestens 10 Minuten ruhen lassen. 6 Etwa 20 Minuten vor Ende der Backzeit für das Rosenkohlpüree die **Röschen** putzen, den Strunk über Kreuz einschneiden und in kochendem **Salzwasser** 5 Minuten garen. In ein Sieb abgießen, kalt abschrecken und abtropfen lassen. Die **Zwiebel** schälen und fein würfeln. Das **Öl** in einem Topf erhitzen und die Zwiebeln darin andünsten. Rosenkohl und **Hafersahne** dazugeben und bei niedriger Hitze etwa 5 Minuten weich dünsten. Pürieren, dann mit **Salz, Pfeffer, Muskat** und **Zitronenschale** abschmecken. 7 Den Nussbraten auf ein Brett stürzen, in Scheiben schneiden und mit Rosenkohlpüree anrichten.

ohne Gluten

BUCHWEIZENBLINI

mit Ofen-Radieschen und Miso-Joghurt-Dip

So geht Kochen nach dem Leaf-to-Root-Prinzip: Die Radieschen werden kurz im Ofen gegart und auch (schönes) Radieschengrün wird mit verwertet. Denn warum die Blätter wegwerfen, wo sie doch so gut schmecken?

Zubereitungszeit 60 Minuten
Für 4 Personen (ca. 16 Stück)

Für die Blini
100 g Buchweizenmehl
100 g Dinkelmehl (Type 630)
Salz
½ Würfel frische Hefe (ca. 20 g)
2 TL Ahornsirup
3–4 EL Rapsöl zum Braten

Für die Radieschen
1 Bund Radieschen
2 EL Zitronensaft
2 EL Ahornsirup
1 EL Rapsöl
Salz
schwarzer Pfeffer aus der Mühle

Für den Dip
2–3 Stängel Dill
½ Bund Schnittlauch
250 g veganer Joghurt
ca. 1 EL helles Miso
Salz
schwarzer Pfeffer aus der Mühle

1 Für die Blini beide **Mehlsorten** mit einer Prise **Salz** in einer Schüssel mischen. Die **Hefe** mit 225 ml handwarmem Wasser und **Ahornsirup** glatt rühren. Zum Mehl geben und gründlich zu einem zähflüssigen Teig verrühren. Abgedeckt etwa 45 Minuten gehen lassen. 2 Inzwischen den Backofen auf 200 °C Ober-/Unterhitze (oder 180 °C Umluft) vorheizen. 3 Für die Radieschen das Grün von den **Radieschen** abschneiden, schöne Blätter waschen und beiseitelegen. Die Radieschen waschen, halbieren und auf einem Backblech mit **Zitronensaft, Ahornsirup, Rapsöl,** etwas **Salz** und **Pfeffer** mischen. Im vorgeheizten Ofen 10 Minuten backen. Dann die Radieschenblätter dazugeben und 2 Minuten mitbacken. Das Blech aus dem Ofen nehmen. 4 Während der Backzeit für den Dip **Dill** und **Schnittlauch** waschen, trocken schütteln, die Dillspitzen fein hacken, den Schnittlauch in feine Röllchen schneiden. 1 EL Kräuter beiseitestellen, den Rest mit **Joghurt** und **Miso** verrühren. Mit **Salz** und **Pfeffer** abschmecken. 5 Den Teig kurz durchrühren. Eine große beschichtete Pfanne erhitzen und 2 EL **Rapsöl** hineingeben. Kleine Teigportionen hineinsetzen und nacheinander bei mittlerer Hitze etwa 16 Blini von beiden Seiten goldgelb backen, dabei das restliche **Öl** aufbrauchen. Auf Küchenpapier entfetten. 6 Die Blini mit den Radieschen auf vier Tellern anrichten und mit den beiseitegestellten Kräutern garnieren. Dazu den Dip reichen.

AUBERGINENBÄLLCHEN

mit Erbsenpesto und Kräuter-Labaneh

Labaneh, den abgetropften frischkäseartigen Joghurt, liebe ich! Du auch? Dann probiere mal meine Variante mit veganem Joghurt und Dill, die gut zu den orientalischen Auberginenbällchen passt!

Zubereitungszeit 30 Minuten plus 1 Tag Abtropfzeit und 30–35 Minuten Backzeit
Für 4 Personen

Für den Labaneh
500 g veganer Joghurt (für sojafrei siehe Tipp auf Seite 79)
3–4 Stängel Dill
1 EL Zitronensaft
1 TL Ahornsirup
1 EL Olivenöl
Salz
schwarzer Pfeffer aus der Mühle

Für die Bällchen
2 Auberginen (700 g)
1 Zwiebel
6 EL Olivenöl
150 g Kichererbsen aus der Dose
100 g Kichererbsenmehl
50 g entsteinte schwarze Oliven
1 Handvoll Petersilienblätter
ca. 4 EL Dinkelsemmelbrösel
Salz
2 TL Chiliflocken
ca. 1 TL Pimentón de la Vera (geräuchertes Paprikapulver)

Für das Erbsenpesto
300 g TK-Erbsen
1–2 Knoblauchzehen
75 g gesalzene Pistazien in der Schale
abgeriebene Schale von 1 Biozitrone
2 EL Zitronensaft
4 EL Olivenöl
2 EL Minzeblätter
Salz
schwarzer Pfeffer aus der Mühle

1 Am Vortag für den Labaneh ein Sieb mit Küchenpapier auslegen und auf eine Schüssel setzen. Den **Joghurt** hineingeben, abdecken und im Kühlschrank 1 Tag abtropfen lassen. 2 Am nächsten Tag für die Bällchen die **Auberginen** waschen, putzen und in kleine Würfel schneiden. Die **Zwiebel** schälen und fein würfeln. 4 EL **Olivenöl** in einer großen Pfanne erhitzen, Zwiebeln und Auberginen darin bei niedriger bis mittlerer Hitze etwa 15 Minuten anbraten, dabei zwischendurch mehrmals wenden. Etwas abkühlen lassen. 3 Den Backofen auf 200 °C Ober-/Unterhitze (oder 180 °C Umluft) vorheizen. Ein Backblech mit Backpapier auslegen. 4 Die **Kichererbsen** in ein Sieb abgießen und abtropfen lassen. Auberginen, Kichererbsen, **Kichererbsenmehl, Oliven** und **Petersilie** im Standmixer nicht zu fein mixen, die Masse soll noch etwas stückig sein. **Semmelbrösel** unterrühren und mit **Salz,** 1 TL **Chiliflocken** und **Pimentón de la Vera** abschmecken. 5 Aus der Masse mit angefeuchteten Händen etwa 24 kleine Bällchen (à circa 4 cm) formen und auf das Blech legen. Mit dem restlichen **Olivenöl** bestreichen und im vorgeheizten Ofen auf der mittleren Schiene 30–35 Minuten goldbraun backen. Herausnehmen. 6 Inzwischen für das Erbsenpesto die **Erbsen** in einen Mixbecher geben. Die **Knoblauchzehe(n)** schälen und grob hacken. Die **Pistazienkerne** aus den Schalen lösen. Beides mit **Zitronenschale, Zitronensaft** und **Olivenöl** zu den Erbsen geben und nicht zu fein pürieren. **Minze** fein hacken, unterrühren und mit **Salz** und **Pfeffer** abschmecken. 7 Zum Servieren den abgetropften Joghurt in eine Schüssel füllen. Die **Dillspitzen** fein hacken und mit **Zitronensaft, Ahornsirup** und **Olivenöl** unterrühren. Mit **Salz** und **Pfeffer** abschmecken. 8 Auberginenbällchen mit Erbsenpesto und Labaneh auf vier Tellern anrichten und mit restlichen **Chiliflocken** bestreuen.

ROTE-BETE-GNOCCHI

— mit gebratenem Sprossenbrokkoli und Macadamianüssen —

Gnocchi sind für mich ein absolutes Wohlfühlessen. Der knackige Sprossenbrokkoli dazu schmeckt wie eine Mischung aus Brokkoli und grünem Spargel. Ich brate ihn zusammen mit Zitrone nur kurz scharf an, so setzt das Gemüse einen schönen Kontrast zu den fluffigen, weichen Miniknödeln.

Zubereitungszeit 75 Minuten plus 60 Minuten Backzeit
Für 4 Personen

Für die Gnocchi
300 g kleine Rote Bete
500 g mehligkochende Kartoffeln
100 g Dinkelgrieß
60–80 g Speisestärke
Salz
schwarzer Pfeffer aus der Mühle
Dinkelmehl zum Bestäuben

Für das Gemüse
350 g Sprossenbrokkoli
1 Biozitrone
6 EL Olivenöl
2 EL Ahornsirup
Salz
schwarzer Pfeffer aus der Mühle
2 EL geröstete und gesalzene Macadamianusskerne

1 Den Backofen auf 200 °C Ober-/Unterhitze (oder 180 °C Umluft) vorheizen. 2 Für die Gnocchi die **Beten** waschen, ungeschält in eine Auflaufform geben, abdecken und im vorgeheizten Ofen 60 Minuten backen. 3 Inzwischen die **Kartoffeln** waschen und ungeschält etwa 20 Minuten weich kochen. Abgießen, 10 Minuten mit in den Ofen geben, dann pellen. 4 Die Beten herausnehmen, schälen, in einen Mixbecher geben und mit dem Stabmixer pürieren. Die Kartoffeln durch die Kartoffelpresse drücken und mit dem Beten-Püree mischen. **Grieß** und **Stärke** dazugeben, gut **salzen** und **pfeffern** und zu einer glatten Masse verkneten. 5 Parallel dazu in einem großen Topf reichlich **Salzwasser** zum Kochen bringen. 6 Die Kartoffelmasse auf einer **bemehlten** Arbeitsfläche vierteln, daumendicke Rollen formen und in 2 cm kurze Stücke schneiden. Portionsweise ins siedende Wasser geben, sobald das Wasser wieder kocht und die Gnocchi an die Oberfläche steigen, die Hitze reduzieren und 2 Minuten gar ziehen lassen. Mit einer Schaumkelle herausheben, abtropfen lassen und auf ein Küchentuch geben. Die übrigen Gnocchi genauso verarbeiten. 7 Für das Gemüse den **Sprossenbrokkoli** waschen, lange und dicke Stängel längs und quer halbieren. Die **Zitrone** heiß abwaschen und in dünne Scheiben schneiden. 2 EL **Olivenöl** in einer Pfanne erhitzen, den Sprossenbrokkoli darin bei mittlerer bis starker Hitze 2 Minuten kräftig anbraten. Zitronenscheiben kurz mitbraten. Mit **Ahornsirup** beträufeln und kurz durchschwenken, sodass die Zitrone leicht karamellisiert. Mit **Salz** und **Pfeffer** würzen und abgedeckt warm halten. 8 2 EL **Olivenöl** in einer großen Pfanne erhitzen und die Gnocchi darin rundum knusprig anbraten. Die **Macadamianüsse** grob hacken. 9 Gnocchi und Gemüse auf vier Tellern anrichten, mit restlichem **Olivenöl** beträufeln und mit Macadamianüssen bestreuen.

GOLDGELBES SAFRAN-BIRYANI

mit gerösteten Zwiebeln und Gurken-Raita

Was zeichnet die indische Küche aus? Lockerer Reis, kräftige Farben, wunderbare Aromen und intensive, duftende Gewürze. Das alles findest du in diesem Biryani. Probiere es aus, ich habe nicht zu viel versprochen!

Zubereitungszeit ca. 60 Minuten plus ca. 25 Minuten Backzeit
Für 4 Personen

3 Zwiebeln
2 Knoblauchzehen
7-cm-Stück Ingwer
400 g Kürbis (z. B. Butternut-Kürbis)
400 g Blumenkohl
1 Döschen Safranfäden (0,1 g)
4 EL Kokosöl
4 grüne Kardamomkapseln
1 ½ TL Kreuzkümmelsamen
Salz
100 g TK-Erbsen
schwarzer Pfeffer aus der Mühle
200 g weißer Basmatireis
50 g Rosinen
1 Minigurke
250 g veganer Joghurt (für sojafrei siehe Tipp auf Seite 79)
2 EL Pistazienkerne

1 Die **Zwiebeln** schälen und in Ringe schneiden. **Knoblauchzehen** und **Ingwer** schälen und fein hacken. Den **Kürbis** entkernen, schälen und in Würfel schneiden. **Blumenkohl** putzen, waschen und in kleine Röschen teilen. **Safran** mit 4 EL heißem Wasser verrühren. 2 2 EL **Kokosöl** in einem Topf erhitzen und die Hälfte der Zwiebeln darin bei niedriger bis mittlerer Hitze etwa 10 Minuten andünsten. Knoblauch und Ingwer dazugeben und kurz mitdünsten. Die **Kardamomkapseln** andrücken, mit **Kreuzkümmel,** Kürbis, Blumenkohl, etwas **Salz** und 400 ml Wasser hinzufügen und aufkochen. Bei niedriger Hitze etwa 5 Minuten kochen lassen, bis das Gemüse bissfest ist. Die **Erbsen** gefroren unterrühren und mit **Salz** und **Pfeffer** abschmecken. 3 Parallel dazu den **Reis** in kochendem **Salzwasser** etwa 5 Minuten vorgaren, in ein Sieb gießen, abtropfen lassen, dann in einer Schüssel mit Safranwasser und **Rosinen** mischen. 4 Den Backofen auf 200 °C Ober-/Unterhitze (oder 180 °C Umluft) vorheizen. Gemüse und Reis in eine Auflaufform (etwa 20 × 28 cm) schichten, dabei mit Reis abschließen. Das Biryani im vorgeheizten Ofen auf der mittleren Schiene etwa 25 Minuten backen, bis der Reis leicht knusprig ist. 5 Inzwischen die restlichen Zwiebeln im übrigen **Kokosöl** 10–15 Minuten langsam anbraten, bis sie knusprig und gut gebräunt sind. Die **Gurke** waschen und in kleine Würfel schneiden. Mit **Joghurt,** etwas **Salz** und **Pfeffer** verrühren. Die **Pistazien** grob hacken. 6 Die Auflaufform aus dem Ofen nehmen, geröstete Zwiebeln und Pistazien darauf verteilen und dazu das Gurken-Raita reichen.

ohne Gluten, ohne Soja

ONE POT, ONE PAN

Die Zeit ist knapp, die Lust zu kochen hält sich in Grenzen, aber der Hunger und die Vorfreude auf ein tolles Essen sind groß? Dann picke dir auf den nächsten Seiten eines unserer All-in-one-Rezepte heraus! Nach meistens 20–30 Minuten kannst du dich satt und glücklich essen. Häufig brauchst du nur eine Pfanne, ein Blech oder einen einzigen Topf, so hält sich auch der Abwasch in Grenzen – versprochen!

KÜRBIS-SPINAT-CURRY

mit geröstetem Kokosreis

So ein Curry ist in der kalten Jahreszeit genau das Richtige, wenn du Lust auf etwas Nahrhaftes, Geschmackvolles und ultimativ Befriedigendes hast. Es sättigt auf angenehme Weise, ist aber nicht zu schwer, sodass du noch genug vom cremigen Kokosreis dazu essen kannst. Das Curry wärmt von innen und ist herrlich wandelbar: Statt Kürbis kannst du es auch mit Süßkartoffeln oder Karotten zubereiten, den Spinat kannst du durch anderes grünes Blattgemüse wie Mangold, Wirsing oder Rote-Bete-Blätter ersetzen.

Zubereitungszeit 25 Minuten
Für 2 Personen

Für das Curry
300 g Hokkaido-Kürbis
1 kleine Zwiebel
1 Knoblauchzehe
5-cm-Stück Ingwer
2 TL Kokosöl
2–3 TL gelbe oder rote Currypaste
1 EL Tomatenmark
ca. 350 ml Gemüsebrühe
150 ml Kokosmilch
150 g Spinat
Salz
schwarzer Pfeffer aus der Mühle
2–3 Spritzer Limettensaft

Für den Kokosreis
2 EL Kokosraspel
1 EL Kokosöl
150 g Basmatireis oder Reismischung (Basmati und Wildreis)
150 ml Kokosmilch
1 Lorbeerblatt

1 Für das Curry den **Kürbis** entkernen, waschen und ungeschält in 1–2 cm dünne Spalten schneiden. Die **Zwiebel** schälen und grob würfeln, die **Knoblauchzehe** schälen und fein würfeln. **Ingwer** schälen und ebenfalls fein würfeln. 2 In einem Topf das **Kokosöl** erhitzen und die Zwiebeln darin kurz andünsten. Knoblauch und Ingwer dazugeben und kurz mitdünsten. **Currypaste** und **Tomatenmark** unterrühren, dann den Kürbis mit **Brühe** und **Kokosmilch** dazugeben und aufkochen. Bei niedriger bis mittlerer Hitze 10 Minuten köcheln lassen. 3 Inzwischen den **Spinat** putzen, waschen, abtropfen lassen und grob hacken. Zum Kürbis geben und noch etwa 3 weitere Minuten köcheln lassen, bis der Kürbis weich und der Spinat zusammengefallen ist. Das Curry mit **Salz, Pfeffer** und **Limettensaft** abschmecken. 4 Während das Curry köchelt, für den Kokosreis in einem Topf die **Kokosraspel** im **Kokosöl** kurz anrösten, bis sie leicht gebräunt sind. **Reis** dazugeben und kurz mit anrösten. 250 ml Wasser und **Kokosmilch** angießen, **Lorbeer** hinzufügen, leicht **salzen,** aufkochen und etwa 10 Minuten gar köcheln lassen. 5 Den Lorbeer entfernen, dann das Curry mit dem Kokosreis auf zwei Tellern oder in Schalen anrichten.

ohne Gluten, ohne Soja

MARONENSÜPPCHEN

mit knusprigen Croûtons und Frühlingszwiebeln

Diese schmeichelnde Cremigkeit bereite ich mit vorgegarten Maronen zu, so steht das wärmende Süppchen in kurzer Zeit auf dem Tisch. Die Croûtons kannst du auch mit trocken gewordenem Brot zubereiten, das durch das Rösten wieder wunderbar knusprig wird. Beste Resteverwertung!

Zubereitungszeit 25 Minuten
Für 2 Personen

Für die Suppe
1 Gewürznelke
½ TL Koriandersamen
2 Pimentkörner
1 Zwiebel
1 Knoblauchzehe
1 EL Olivenöl
2 EL roter Portwein
1 EL Balsamico-Essig
500 ml Gemüsebrühe
200 g vakuumverpackte gegarte Maronen
1 Lorbeerblatt
100 ml Pflanzensahne (für sojafrei siehe Tipp auf Seite 102)
Salz
schwarzer Pfeffer aus der Mühle
2 Prisen frisch geriebene Muskatnuss

Für die Croûtons
1 Scheibe Roggenbrot
2 Frühlingszwiebeln
1 EL Haselnussöl (alternativ Rapsöl)

1 Für die Suppe **Gewürznelke, Koriander** und **Piment** im Mörser fein zerstoßen. **Zwiebel** und **Knoblauchzehe** schälen und fein würfeln. Das **Olivenöl** in einem Topf erhitzen und die gemörserten Gewürze darin 30–60 Sekunden anrösten, bis sie duften. Zwiebeln und Knoblauch dazugeben und glasig dünsten. Mit **Portwein** und **Balsamico-Essig** ablöschen, dann die **Brühe** angießen. **Maronen** und **Lorbeer** hinzufügen und aufkochen. Den Deckel auflegen und 10 Minuten kochen lassen. 2 Inzwischen für die Croûtons das **Brot** in kleine Würfel schneiden. **Frühlingszwiebeln** putzen, waschen und in dünne Röllchen schneiden. Eine Pfanne erhitzen und die Brotwürfel darin trocken, also zunächst ohne Fett, rundum kurz bei mittlerer Hitze anrösten. **Haselnussöl** und weiße Frühlingszwiebelröllchen dazugeben und knusprig anbraten. Die grünen Frühlingszwiebelröllchen untermischen und die Pfanne vom Herd nehmen. 3 Das Lorbeerblatt aus der Suppe entfernen, die **Pflanzensahne** angießen, aufkochen und die Mischung pürieren. Mit **Salz, Pfeffer** und **Muskatnuss** abschmecken, in zwei Schalen füllen und die Croûtons mit den Frühlingszwiebeln darüberstreuen.

ohne Soja

OFEN-PETERSILIENWURZELN

mit Granatapfel und Haselnüssen

Seit ich entdeckt habe, wie unglaublich köstlich geröstete Petersilienwurzeln schmecken, bereite ich das süßlich-würzig schmeckende Gemüse häufiger zu. Am liebsten kombiniere ich es mit Levante-Aromen – Dill, Minze, Granatapfel und Ras el-Hanout. Fein dazu: cremiger Hummus oder pflanzlicher Labaneh, auch Labneh genannt.

Zubereitungszeit 35 Minuten
Für 2 Personen

2 Zwiebeln
600 g Petersilienwurzeln
3 EL Olivenöl
Salz
schwarzer Pfeffer aus der Mühle
50 g Haselnusskerne
½ Granatapfel
2 Stängel Dill
2 Zweige Minze
abgeriebene Schale von ½ Biozitrone
1–2 EL Zitronensaft
2 TL Ahornsirup
1 TL Ras el-Hanout
½ TL gemahlener Zimt

1. Den Backofen auf 220 °C Ober-/Unterhitze (oder 200 °C Umluft) vorheizen. 2. Die **Zwiebeln** schälen und in breite Spalten schneiden. **Petersilienwurzeln** putzen, schälen und dicke Wurzeln längs halbieren. Das Gemüse in eine Auflaufform legen, mit 2 EL **Olivenöl** beträufeln, mit **Salz** und **Pfeffer** würzen und gut durchmischen. Im vorgeheizten Ofen auf der mittleren Schiene etwa 25 Minuten backen, bis die Petersilienwurzeln gar und knusprig gebräunt sind. Aus dem Ofen nehmen und etwas abkühlen lassen. 3. Parallel dazu die **Haselnüsse** auf ein mit Backpapier ausgelegtes Blech geben und 8–10 Minuten im Ofen auf der unteren Schiene mitrösten, bis sie gut gebräunt sind. Herausnehmen, etwas abkühlen lassen, dann die Häutchen mit einem Küchenhandtuch abrubbeln und die Nüsse grob hacken. 4. Die **Granatapfelkerne** auslösen. **Dill** und **Minze** abbrausen, trocken schütteln und die Blätter grob hacken. Das restliche **Olivenöl** mit **Zitronenschale, Zitronensaft, Ahornsirup, Ras el-Hanout** und **Zimt** verrühren und das Dressing mit **Salz** und **Pfeffer** abschmecken. 5. Gemüse, Haselnüsse, Granatapfelkerne, Kräuter und Dressing miteinander vermischen und einige Minuten durchziehen lassen.

GEMÜSENUDELN

mit Walnusspesto

Deftige Gemüsenudeln? Ja, klar, das Pesto macht's! Verantwortlich für jede Menge Umami-Geschmack sind geröstete Walnüsse, schwarze Oliven und Räucherpaprika. Die Menge reicht für 4 Portionen, kleinere Mengen herzustellen lohnt sich kaum. Bewahre übriges Pesto immer mit etwas Olivenöl bedeckt im Kühlschrank auf, so hält es sich etwa 14 Tage. Du kannst die Nudeln mit veganem Cashew-„Parmesan" (siehe Seite 61) bestreuen oder ein paar geröstete Walnusskerne fein darüberreiben, das sorgt für noch mehr Deftigkeit.

Zubereitungszeit 30 Minuten
Für 2 Personen

Für das Pesto
2 Knoblauchzehen
1 großes Bund glatte Petersilie
100 g Walnusskerne
75 g entsteinte schwarze Oliven
1 TL Pimentón de la Vera (geräuchertes Paprikapulver)
125 ml qualitativ hochwertiges Olivenöl
2 EL Zitronensaft
Salz
schwarzer Pfeffer aus der Mühle
Für die Gemüsenudeln
Salz
1 Süßkartoffel (200 g)
1 Pastinake (200 g)
1 dicke Karotte (150 g)
1 Zucchini (250 g)
Außerdem
Spiralschneider

1 Für das Pesto die **Knoblauchzehen** schälen. **Petersilie** waschen, trocken schütteln, die Blättchen abzupfen und die Stiele grob hacken. Knoblauch, Petersilie, **Walnüsse, Oliven** und **Paprikapulver** im Blitzhacker zu einer groben Paste mixen. **Olivenöl** und **Zitronensaft** nach und nach untermixen und das Pesto mit **Salz** und **Pfeffer** würzen. 2 Für die Gemüsenudeln reichlich **Salzwasser** in einem großen Topf aufkochen. **Süßkartoffel** und **Pastinake** schälen, die **Karotte** gut abbürsten und putzen. **Zucchini** waschen und die Enden abschneiden. Das Gemüse mit dem Spiralschneider zu „Spaghetti" verarbeiten. 3 Süßkartoffel- und Karottennudeln ins kochende Salzwasser geben und einmal aufkochen lassen. Zucchini- und Pastinakennudeln dazugeben, einmal aufkochen lassen, dann das Gemüse in einen Durchschlag abgießen und abtropfen lassen, dabei eine Tasse Kochwasser auffangen. Gemüsenudeln und Kochwasser zurück in den Topf geben, mit der Hälfte des Walnusspestos mischen und kurz unter Rühren erwärmen. Auf zwei tiefe Teller verteilen und genießen.

ohne Gluten, ohne Soja

WIRSING-BOHNEN-MINESTRONE

mit Tofu und scharfem Gewürzöl

Diese mediterrane Suppe ist ein ideales Winteressen. Die Minestrone ist durch und durch aromatisch und würzig, spielt mit den Kontrasten von mildem Kürbis, weichen Bohnen und scharfem, knusperndem Gewürzöl. Wenn du großen Appetit hast, dann reiche geröstetes Sauerteigbrot dazu, damit kannst du auch den letzten Rest Suppe aufnehmen.

Zubereitungszeit 25 Minuten
Für 2 Personen

Für die Minestrone
125 g Wirsing
1 rote Zwiebel
1 Knoblauchzehe
1 Stange Staudensellerie
1 dünne Stange Lauch
150 g Hokkaido-Kürbis
1 EL Olivenöl
ca. 750 ml Gemüsebrühe
1 EL Tomatenmark
2 Zweige Thymian
2 Zweige Salbei
100 g Borlottibohnen oder weiße Bohnen aus der Dose
Salz
schwarzer Pfeffer aus der Mühle
Für das Topping
je 1 TL Fenchel- und Koriandersamen
3 EL Olivenöl
1 TL Harissa
100 g mediterraner Tomatentofu

(1) Für die Minestrone den **Wirsing** putzen, waschen und in Streifen schneiden. Die **Zwiebel** schälen und in dünne Spalten schneiden, die **Knoblauchzehe** schälen und fein hacken. **Staudensellerie** waschen und in feine Scheiben schneiden. **Lauch** putzen, längs aufschlitzen, waschen und in dünne Ringe schneiden. **Kürbis** schälen, entkernen und in gut 1 cm große Würfel schneiden. (2) Das **Olivenöl** in einem Topf erhitzen, Zwiebeln und Knoblauch kurz darin andünsten, dann das vorbereitete Gemüse dazugeben und die **Brühe** angießen. **Tomatenmark, Thymian** und **Salbei** dazugeben, aufkochen und bei niedriger Hitze 10 Minuten kochen lassen. Die **Bohnen** in ein Sieb abgießen, kalt abbrausen, abtropfen lassen, zugeben und weitere 5 Minuten kochen. (3) Inzwischen für das Topping **Fenchel-** und **Koriandersamen** im Mörser grob zerstoßen und in einer Pfanne in 2 EL **Olivenöl** kurz anbraten, bis sie duften. Das Gewürzöl in ein Schälchen füllen und die **Harissa** unterrühren. Die Pfanne auswischen und das restliche **Olivenöl** darin erhitzen. Den **Tofu** würfeln und im heißen Olivenöl rundum kurz und scharf anbraten. (4) Die Minestrone mit **Salz** und **Pfeffer** abschmecken, auf zwei Schalen verteilen, den Tofu daraufgeben und mit dem Gewürzöl beträufeln.

Tipp für eine sojafreie Alternative Statt Tomatentofu Kichererbsen- oder Mais-Tofu (siehe Seite 25) verwenden.

BLUMENKOHL-FRIED-„RICE“

mit Tempeh und Zuckerschoten

Echten Reis suchst du hier vergebens! Für diesen Fried „Rice“ habe ich Blumenkohl kurzerhand zu Reis erklärt und bereite daraus diese vor gesundem Gemüse nur so strotzende schnelle Asia-Pfanne zu. Unerlässlich: eine scharfe Chilisauce.

Zubereitungszeit 30 Minuten
plus 30 Minuten Marinierzeit
Für 2 Personen

5-cm-Stück Ingwer
2 Knoblauchzehen
4 EL Tamari
1 EL Reisessig
1 TL Agavensirup
125 g Tempeh
ca. 300 g Blumenkohl
1 Karotte
100 g Zuckerschoten
2 Frühlingszwiebeln
2 EL Öl zum Braten
100 g TK-Erbsen
2–3 TL Chilisauce
Salz
schwarzer Pfeffer aus der Mühle

1 **Ingwer** und **Knoblauchzehen** schälen und fein hacken. Die Hälfte davon mit 2 EL **Tamari, Essig** und **Agavensirup** verrühren. **Tempeh** in dünne Scheiben schneiden, diese halbieren und in einer Schale mit der Marinade begießen. 30 Minuten marinieren. 2 Inzwischen den **Blumenkohl** in Röschen teilen, den Strunk schälen und in grobe Stücke schneiden. Alles in die Küchenmaschine geben und nicht zu fein hacken (Reiskorngröße) oder auf der Gemüsereibe grob raspeln. 3 **Karotte** gut abbürsten, die Enden abschneiden und in feine Würfel schneiden. **Zuckerschoten** waschen, abtropfen lassen und halbieren. **Frühlingszwiebeln** putzen, waschen und in feine Röllchen schneiden. 4 Eine große Pfanne oder einen Wok erhitzen. Das **Öl** hineingeben und den Tempeh darin bei mittlerer Hitze kurz und kräftig 1–2 Minuten anbraten, dann herausnehmen. Karotten, übrigen Ingwer und Knoblauch im verbleibenden Öl kurz anbraten. Zuckerschoten, **Erbsen** und weiße Frühlingszwiebelröllchen dazugeben und 1–2 Minuten mitbraten. 5 Blumenkohl, restliche **Tamari,** 1 TL **Chilisauce,** etwas **Salz** und **Pfeffer** dazugeben und alles unter Rühren kräftig anbraten – nach etwa 4 Minuten ist der Blumenkohlreis bissfest gegart. 6 Grüne Frühlingszwiebelröllchen und Tempeh untermischen, kurz erhitzen und den „Reis“ abschmecken. Mit der restlichen **Chilisauce** beträufeln.

Tipp für sojafreie Alternative Statt Tempeh kannst du auch Tofu nehmen. Wer auf Soja verzichtet, kann Kichererbsen-Tofu (siehe Seite 25) anbraten, diesen allerdings nicht marinieren, sondern nach dem Anbraten mit der Marinade ablöschen.

BÄRLAUCHSUPPE

mit knusprigen Brotchips

Kein Frühling ohne Bärlauch! Wenn mir nach etlichen Tellern Pasta mit Bärlauchpesto der Sinn nach Abwechslung steht, bereite ich diese leuchtend grüne Suppe zu. Das Erhitzen nimmt etwas von der Bärlauchschärfe – optimal für diejenigen, die nicht zu den ganz großen Bärlauchliebhabern gehören.

Zubereitungszeit 30 Minuten
Für 2 Personen

1 kleine Zwiebel
1 Knoblauchzehe
200 g Lauch
200 g Knollensellerie
2 ½ EL Olivenöl
50 ml trockener Weißwein
ca. 650 ml Gemüsebrühe
ca. 4 dünne, kleine Scheiben Dinkel- oder Roggensauerteigbrot
60 g Bärlauch
½ TL abgeriebene Biozitronenschale
Salz
schwarzer Pfeffer aus der Mühle
1–2 Prisen frisch geriebene Muskatnuss
4 EL Hafersahne

1 **Zwiebel** und **Knoblauchzehe** schälen und fein würfeln. **Lauch** putzen, waschen und in dünne Scheiben schneiden. **Sellerie** schälen und in Stücke schneiden. 2 1 EL **Olivenöl** in einem Topf erhitzen und die Zwiebeln darin glasig schwitzen. Dann den Knoblauch kurz mitdünsten. Lauch und Sellerie hinzufügen, andünsten und mit **Wein** ablöschen. Die **Brühe** angießen, aufkochen und 10–15 Minuten kochen lassen. 3 Inzwischen 1 EL **Olivenöl** in einer großen Pfanne erhitzen, die **Brotscheiben** darin von beiden Seiten knusprig anbraten und herausnehmen. 4 Den **Bärlauch** waschen, verlesen, einige schöne Blätter beiseitelegen und den Rest grob hacken. Mit der **Zitronenschale** zur Suppe geben und fein pürieren – am besten in einem Hochleistungsmixer, dann wird die Suppe schön fein und richtig grün. Mit **Salz, Pfeffer** und **Muskat** abschmecken. 5 Das restliche **Olivenöl** in einer Pfanne erhitzen und die beiseitegelegten Bärlauchblätter darin kurz anbraten, bis sie zusammengefallen sind, dann würzen. Die Suppe in zwei tiefe Teller füllen, die **Hafersahne** spiralförmig einrühren und mit Bärlauch garnieren. Dazu die Brotchips reichen.

Tipp Die Brotchips kannst du auch aus trocken gewordenem Brot machen. Wenn du viel davon hast, dann röste die Brotscheiben am besten im Backofen. Dafür den Ofen auf 200 °C Ober-/Unterhitze (oder 180 °C Umluft) vorheizen, die Brotscheiben auf einem mit Backpapier ausgelegten Backblech verteilen, mit wenig Olivenöl beträufeln, etwa 10 Minuten knusprig und goldbraun backen und abkühlen lassen. – Die Brotchips kannst du in einer Blechdose mehrere Tage aufbewahren. Eine super Snackalternative zu gekauften Chips und anderen Knabbereien!

Kräftige

GEMÜSEBRÜHE

Zubereitungszeit 20 Minuten plus ca. 45 Minuten Garzeit
Ergibt ca. 2 l Brühe

2 Zwiebeln
2 Knoblauchzehen
4 Karotten
1 mittelgroße Stange Lauch
½ Knollensellerie
2 Petersilienwurzeln
2 Tomaten
2 Lorbeerblätter
3–4 Stängel glatte Petersilie
3–4 Zweige Thymian
je 5 Piment- und schwarze Pfefferkörner
Salz
schwarzer Pfeffer aus der Mühle

① **Zwiebeln** ungeschält halbieren, **Knoblauchzehen** andrücken. Das **Gemüse** waschen oder gut abbürsten, dann grob zerkleinern. Die Zwiebelhälften mit den Schnittflächen nach unten in einen großen Topf legen und anrösten, bis sie braun sind. 2,5 l kaltes Wasser angießen, das vorbereitete Gemüse dazugeben und aufkochen. **Kräuter** und **Gewürze** hinzufügen. Mit halb aufgelegtem Deckel bei niedriger Hitze etwa 45 Minuten sanft köcheln lassen. Dann durch ein feines Sieb in einen Topf abgießen und die Brühe mit **Salz** und **Pfeffer** abschmecken. Die Siebrückstände entsorgen.

Tipp Die abgekühlte Brühe hält sich im Kühlschrank bis zu 1 Woche. Du kannst sie auch portioniert etwa 6 Monate im Gefrierfach aufbewahren. Wie du im Rezept schon gelesen hast, wird das Gemüse für die Brühe weder geschält noch geputzt, sondern nur gut gewaschen oder sauber abgebürstet. Nimm deshalb am besten Biogemüse, das ist für alle besser, für die Umwelt und für uns Menschen! Gemüsebrühe ist eine gute Möglichkeit, um Gemüseabfälle zu verwerten. Wenn du beim Zubereiten von Gemüse Schalen oder holzige Enden übrig hast, dann kannst du diese auch sammeln und 3–5 Tage im Kühlschrank aufbewahren, oder du frierst deine Gemüsereste ein. Sobald du zwei bis drei Handvoll davon hast, kannst du damit eine Gemüsebrühe kochen. Die Garzeit ist dann kürzer, da das Gemüse ja feiner zerkleinert ist, etwa 30 Minuten reichen. Kräuter und Gewürze dazu und das Abschmecken nicht vergessen! Du hast Pilze geputzt? Die Abschnitte können auch in die Brühe, sie wird dann noch intensiver.

ohne Gluten, ohne Soja

PILZ-MISO-RISOTTO

mit crispy Salbei

Wer eine extragroße Umami-Ladung braucht, der sollte dieses Risotto kochen! Gebratene Champignons, Rotwein, Miso und veganer „Parmesan“ sind dafür verantwortlich, dass das einfache Reisgericht so herrlich deftig schmeckt. Die knusprig gebratenen Salbeiblätter bilden einen schönen Kontrast zum cremigen Risotto. Ein nahrhaftes, heimeliges Wohlfühlessen.

Zubereitungszeit 40 Minuten
Für 2 Personen

250 g Champignons
3 Frühlingszwiebeln
2 Knoblauchzehen
ca. 600 ml Gemüsebrühe
4 EL Olivenöl
200 g Risottoreis
50 ml trockener Rotwein
100 ml ungesüßter Mandeldrink
2 TL dunkles Miso (z. B. Genmai Miso)
1 Lorbeerblatt
20 Salbeiblätter
ca. 4 EL veganer Cashew-„Parmesan“ (siehe Tipp)
2–3 TL Zitronensaft
Salz
schwarzer Pfeffer aus der Mühle

1 **Pilze** putzen und in Scheiben schneiden. **Frühlingszwiebeln** putzen, waschen, dann weiße und grüne Teile getrennt in feine Röllchen schneiden. Die **Knoblauchzehen** schälen und fein würfeln. Die **Brühe** erhitzen. 2 2 EL **Olivenöl** in einem schweren Topf erhitzen, weiße Frühlingszwiebelröllchen und Pilze darin bei mittlerer Hitze 2–3 Minuten anbraten. Grüne Frühlingszwiebelröllchen und Knoblauch dazugeben und kurz mitdünsten. 3 Den **Reis** unterrühren, mit **Rotwein** ablöschen und kurz einkochen lassen. Eine Kelle heiße Brühe, **Mandeldrink, Miso** und **Lorbeerblatt** zugeben und aufkochen. 18–20 Minuten unter Rühren köcheln lassen, bis das Risotto dickflüssig-sämig ist, dabei immer wieder etwas heiße Brühe angießen. 4 Inzwischen das restliche **Olivenöl** in einer Pfanne erhitzen. Die **Salbeiblätter** hineingeben und ganz kurz knusprig braten. Herausnehmen und auf Küchenpapier entfetten. 5 2 EL **„Parmesan“** und die Hälfte der Salbeiblätter unter das Risotto rühren und mit **Zitronensaft, Salz** und **Pfeffer** abschmecken. 6 Das Risotto auf zwei Teller verteilen, mit dem restlichen **„Parmesan“** bestreuen und die übrigen Salbeiblätter daraufgeben.

Tipp Für den veganen Cashew-„Parmesan“ 50 g Cashewkerne in einer Pfanne bei niedriger bis mittlerer Hitze leicht anrösten. Abkühlen lassen, mit 1 gehäuftem EL Hefeflocken und ¼ TL Salz feinkrümelig mixen. Anstelle von Cashews kannst du auch geröstete Sesamsaat nehmen. Ich habe von diesem „Parmesan“ immer ein Glas im Kühlschrank stehen – er hält sich etwa 2 Wochen.

ohne Gluten

Geröstete

MISO-AUBERGINE

So einfach, so umami: Diese Auberginen sind der Beweis, wie wenig es manchmal braucht, um so richtig viel Geschmack ans Essen zu bekommen. A und O ist ein gutes Miso. Die Auswahl an Misopasten ist groß. Grober Anhaltspunkt: Je heller, desto milder, je dunkler, desto kräftiger schmeckt die würzige gesunde Paste. Im Bio- oder Asialaden findest du eine große Auswahl an Miso. – Reis dazu? Gute Idee! Für mich am liebsten Basmatireis, ob weißer oder brauner.

Zubereitungszeit 10 Minuten plus 25 Minuten Backzeit
Für 2 Personen

2 Auberginen (à ca. 300 g)
2 EL Miso
1 EL Weißweinessig
2 EL Agavensirup
2 Frühlingszwiebeln
1 milde rote Chilischote
1 EL Sesamsaat

1 Den Backofen auf 200 °C Ober-/Unterhitze (oder 180 °C Umluft) vorheizen. Ein Backblech mit Backpapier auslegen. 2 Die **Auberginen** waschen, längs halbieren, die Schnittflächen rautenförmig einschneiden und mit den Rundungen nach unten auf das Blech legen. 3 **Miso, Essig** und **Agavensirup** verrühren. Die Schnittflächen der Auberginen damit bestreichen, dabei 1 EL der Miso-Marinade aufbewahren. Die Auberginen im vorgeheizten Ofen etwa 25 Minuten backen, bis sie richtig gut gebräunt und karamellisiert sind. 4 Inzwischen die **Frühlingszwiebeln** putzen, waschen und schräg in dünne Röllchen schneiden. Die **Chilischote** putzen, entkernen, waschen und in dünne Ringe schneiden. 5 Auberginen aus dem Ofen nehmen und mit der übrigen Marinade bestreichen, so bekommen sie einen schönen Glanz. Auf zwei Teller verteilen und mit Frühlingszwiebeln, Chili und **Sesam** bestreuen.

GERÖSTETER BUCHWEIZENSALAT

mit gebratenem Radicchio, Birne und Cranberrys

Es muss nicht immer etwas Warmes sein. Ob zum Picknick, zum Lunch oder als Vorspeise für Gäste: Dieser Salat bringt frische Energie! Statt mit Buchweizen kannst du den Salat auch mit Hirse oder Gerstengraupen zubereiten, beides musst du allerdings vor dem Anbraten erst gar kochen.

Zubereitungszeit 30 Minuten plus 20 Minuten Einweichzeit
Für 2 Personen

125 g Buchweizen
Salz
2 EL Haselnusskerne
3 EL Balsamico-Essig
1 TL Ahornsirup
1 TL Dijonsenf
2 EL Haselnussöl
1 TL Haselnussmus
schwarzer Pfeffer aus der Mühle
2 Frühlingszwiebeln
1 Stängel Dill
1 Birne
100 g Radicchio
1 EL Olivenöl
2 EL getrocknete Cranberrys

1 Den **Buchweizen** in einer Schüssel mit reichlich Wasser bedecken und 20 Minuten einweichen lassen. In ein Sieb abgießen und gut abtropfen lassen. 2 Eine große Pfanne erhitzen. Den Buchweizen darin ohne Fettzugabe unter Rühren 8–10 Minuten rösten, bis die Körner knusprig und gebräunt sind und duften. In eine Schüssel umfüllen und abkühlen lassen. 3 Inzwischen die **Haselnüsse** grob hacken, in der Pfanne ohne Fettzugabe goldbraun rösten und abkühlen lassen. 4 **Balsamico-Essig, Ahornsirup, Senf, Haselnussöl, Haselnussmus,** 2 EL Wasser und etwas **Salz** und **Pfeffer** kräftig zu einem Dressing verrühren. 5 **Frühlingszwiebeln** putzen, waschen und in feine Röllchen schneiden. Die **Dillspitzen** klein zupfen. **Birne** waschen, vierteln, entkernen und in dünne Spalten schneiden. 6 **Radicchio** putzen und längs so in Spalten schneiden, dass die Enden noch zusammenhängen. Das **Olivenöl** in einer Pfanne erhitzen, den Radicchio darin bei mittlerer Hitze von beiden Seiten kurz anbraten, **salzen** und **pfeffern,** dann die Pfanne beiseitestellen. 7 Buchweizen, Nüsse, Frühlingszwiebeln, Dill, Birnen und **Cranberrys** mit der Hälfte des Dressings mischen und am besten einige Minuten durchziehen lassen. Den Salat abschmecken, mit dem Radicchio auf zwei Tellern anrichten und mit dem übrigen Dressing beträufeln.

PITABROTE

mit Röstgemüse und Hummus

Ofengemüse schmeckt herrlich würzig und ist auch eine prima Gelegenheit, Gemüsereste zu verwerten. Du hast kein Pitabrot zur Hand? Dann bestreiche ein oder zwei geröstete Scheiben Brot, zum Beispiel das Dinkelvollkornbrot von Seite 133, mit Hummus, häufele das Röstgemüse darauf und gib ein paar Kleckse Pesto darüber.

Zubereitungszeit 15 Minuten
plus 20–25 Minuten Backzeit
Für 4 Personen

1 kleine Aubergine
1 gelbe Paprikaschote
1 rote Zwiebel
1 Knoblauchzehe
1 TL Fenchelsamen
3 ½ EL Olivenöl
Salz
schwarzer Pfeffer aus der Mühle
100 g Cocktailtomaten
1 EL Zitronensaft
4 Pitabrote (siehe Seite 69; alternativ Dinkel-Fertigprodukt verwenden)
200 g Hummus (Fertigprodukt oder siehe Seite 83)
4 TL veganes grünes Pesto (z. B. Petersilienpesto; Fertigprodukt)

1 Den Backofen auf 240 °C Ober-/Unterhitze (oder 220 °C Umluft) vorheizen. 2 Die **Aubergine** waschen, entstielen und quer in 1 cm dicke Scheiben schneiden. **Paprika** waschen, entkernen und in Streifen schneiden. **Zwiebel** schälen und in fingerbreite Spalten schneiden. **Knoblauchzehe** schälen und fein hacken. **Fenchelsamen** grob mörsern. 3 Ein Backblech mit 2 EL **Olivenöl** ausstreichen, das Gemüse darauf verteilen und mit Knoblauch, Fenchelsamen, **Salz** und **Pfeffer** bestreuen. Mit 1 EL **Olivenöl** beträufeln und im vorgeheizten Ofen 20–25 Minuten backen, bis das Gemüse gut gebräunt ist. Herausnehmen und abkühlen lassen. 4 **Cocktailtomaten** waschen, halbieren, mit **Zitronensaft,** übrigem **Olivenöl, Salz** und **Pfeffer** mischen. Die **Pitabrote** kurz aufbacken, dann eine weite Tasche hineinschneiden und den **Hummus** in die Brote streichen. Mit Ofengemüse, Cocktailtomaten und **Pesto** füllen.

PITABROTE

Zubereitungszeit 30 Minuten plus ca. 2 Stunden 20 Minuten Ruhezeit und ca. 20 Minuten Backzeit
Für 8 Stück

½ Tütchen Trockenhefe
1 TL Ahornsirup
500 g Dinkelmehl (Type 630) plus etwas mehr zum Bestäuben
2 TL Salz
1 EL Zitronensaft
Öl zum Einfetten

❶ **Hefe, Ahornsirup** und 100 ml handwarmes Wasser verrühren, bis sich die Hefe aufgelöst hat. 10 Minuten an einem warmen Ort gehen lassen. ❷ Das **Mehl** in eine Rührschüssel geben, Hefemischung, **Salz, Zitronensaft** und 200 ml handwarmes Wasser dazugeben und mit den Knethaken des Handrührgeräts oder in der Küchenmaschine 5 Minuten kräftig kneten, bis ein elastischer, glatter Teig entstanden ist – ist er zu fest und zäh, noch etwas Wasser unterkneten; fühlt er sich etwas klebrig an, noch ein wenig **Mehl** einarbeiten. Den Teig zu einer Kugel formen und in einer mit **Öl** ausgestrichenen Schüssel abgedeckt etwa 2 Stunden bei Raumtemperatur auf das doppelte Volumen gehen lassen. ❸ Den Teig auf einer **bemehlten** Arbeitsfläche kurz durchkneten, in acht gleich große Stücke à etwa 100 g teilen, mit den Händen zu Kugeln rollen, dann zu etwa 12 cm großen Kreisen flach drücken. Auf zwei Bögen Backpapier legen und abgedeckt 10 Minuten gehen lassen. ❹ Inzwischen den Backofen auf 240 °C Ober-/Unterhitze (oder 220 °C Umluft) vorheizen, dabei ein Backblech mit aufheizen. ❺ Das heiße Blech aus dem Ofen nehmen, ein Backpapier mit Teigkreisen auf das heiße Blech ziehen und im vorgeheizten Ofen auf der mittleren Schiene etwa 10 Minuten backen, bis die Pitabrote ballonartig aufgebläht und leicht gebräunt sind. Herausnehmen und abkühlen lassen. Mit den übrigen Teigkreisen genauso verfahren.

Tipp Die Pitabrote kannst du gut einfrieren. Bei Bedarf auftauen und im vorgeheizten Backofen bei 180 °C Ober-/Unterhitze (oder 160 °C Umluft) etwa 3 Minuten aufbacken.

ohne Soja

ZWIEBEL-STEINPILZ-SUPPE

mit Röstbrot

Wer sagt, dass eine Zwiebelsuppe nicht ohne Käse auskommt – so kennt man sie aus der französischen Bistroküche –, der sollte mal diese Variante probieren. Die Steinpilze sind für die Extraportion Tiefe zuständig, die dafür sorgt, dass man mit jedem Löffel, den man davon isst, zufriedener wird. Teste es!

Zubereitungszeit 30 Minuten plus 10 Minuten Garzeit
Für 2 Personen

15 g getrocknete Steinpilze
350 g Zwiebeln
3 EL Olivenöl
1 EL Dinkelmehl (Type 630)
75 ml trockener Weißwein
ca. 600 ml Gemüsebrühe
1 Lorbeerblatt
1 EL Thymianblättchen
Salz
1–2 Prisen Cayennepfeffer
2 Prisen frisch geriebene Muskatnuss
2 dicke Scheiben rustikales Dinkel- oder Roggensauerteigbrot

1 Die **Steinpilze** in einer Schale mit 100 ml kochendem Wasser übergießen und einige Minuten einweichen lassen. 2 Inzwischen die **Zwiebeln** schälen und in dünne Ringe schneiden. 2 EL **Olivenöl** in einem großen Topf erhitzen und die Zwiebeln darin bei niedriger bis mittlerer Hitze 10–15 Minuten langsam dünsten, bis sie goldbraun und weich sind, dabei ab und zu umrühren. 3 Zwiebeln mit dem **Mehl** bestäuben, verrühren, dann mit dem **Wein** ablöschen. Die Steinpilze mitsamt Einweichwasser, **Brühe, Lorbeer** und **Thymian** dazugeben, aufkochen und 10 Minuten offen kochen lassen. Mit **Salz, Cayennepfeffer** und **Muskat** kräftig abschmecken und den Lorbeer herausnehmen. 4 Die **Brotscheiben** im Toaster goldbraun rösten, in zwei tiefe Teller oder Schalen legen, mit der heißen Suppe begießen und mit dem übrigen **Olivenöl** beträufeln.

GREENS

Gebraten, geschmort oder gratiniert – hier dreht sich alles um saisonales Gemüse. Denn Gemüse kann auch deftig!

BLUMENKOHL-KICHERERBSEN-DAL

mit Kokosjoghurt

So ein sämiges Dal ist bestes Comfort Food und wird dir beim Essen zahllose Das-schmeckt-so-fantastisch-Geräusche entlocken! Der gewürzintensive Eintopf schmeichelt Gaumen und Magen, sättigt auf angenehme Art und der frische Kokosjoghurt gleicht mit der kühlenden Gurke die Schärfe aus.

Zubereitungszeit 30 Minuten
Für 2 Personen

Für das Dal
250 g Kichererbsen aus der Dose (Abtropfgewicht)
250 g Blumenkohl
1 große Zwiebel
1 Knoblauchzehe
3-cm-Stück Ingwer
1 TL Kreuzkümmelsamen
1 TL Koriandersamen
1 EL Kokosöl
2–3 TL rote Currypaste
200 g stückige Tomaten aus der Dose
ca. 300 ml Gemüsebrühe
Salz
schwarzer Pfeffer aus der Mühle

Für Kokosjoghurt und Garnierung
2 EL Kokosraspel
100 g Kokosjoghurt
1–2 Spritzer Limettensaft
Salz
schwarzer Pfeffer aus der Mühle
½ Minigurke
3 Stängel Koriander

1 Für das Dal die **Kichererbsen** in ein Sieb abgießen, abbrausen und abtropfen lassen. Den **Blumenkohl** putzen, waschen und in Röschen teilen, den Strunk schälen und in kleine Stücke schneiden. **Zwiebel** schälen und in dünne Spalten schneiden. **Knoblauchzehe** und **Ingwer** schälen und fein würfeln. 2 Die **Gewürzsamen** in einem Topf ohne Fettzugabe leicht rösten, bis sie duften. **Kokosöl,** Zwiebeln, Knoblauch und Ingwer dazugeben und ganz kurz andünsten. 2 TL **Currypaste** unterrühren. **Tomaten,** 300 ml **Brühe,** Kichererbsen und Blumenkohl hinzufügen, aufkochen und bei niedriger Hitze 10 Minuten garen. 3 Inzwischen für den Kokosjoghurt die **Kokosraspel** in einer Pfanne ohne Fettzugabe kurz goldbraun anrösten. 1 EL Kokosraspel beiseitestellen, übrige Kokosraspel mit **Kokosjoghurt** verrühren, und mit **Limettensaft, Salz** und **Pfeffer** abschmecken. 4 Die **Gurke** waschen und in sehr kleine Würfel schneiden. **Koriander** waschen, trocken schütteln, dann Stängel und Blätter fein hacken. 5 Dal mit **Salz** und **Pfeffer** abschmecken. Falls es zu dickflüssig ist, noch etwas **Brühe** zugeben, für mehr Schärfe noch etwas **Currypaste** unterrühren. 6 Das Dal auf zwei Schalen verteilen. Jeweils einen großen Löffel Kokosjoghurt daraufgeben und mit Gurke, Kokosraspeln und Koriander garnieren.

ohne Gluten, ohne Soja

SPINATSALAT

mit Fenchel, Mandeln, Orange und Linsenvinaigrette

In diesem Salat vereinen sich die Knackigkeit des Spinats, die Süße des Fenchels und die Säure der Orange mit der Herzhaftigkeit der kleinen schwarzen Linsen. Dank Ras el-Hanout und gerösteten Mandeln wird es in deiner Küche duften wie in einem orientalischen Basar.

Zubereitungszeit
ca. 35 Minuten
Für 2 Personen

75 g Belugalinsen
Salz
2 EL Zitronensaft
1 EL Dattel- oder Ahornsirup
1 gehäufter TL Ras el-Hanout
4 EL Olivenöl
schwarzer Pfeffer aus der Mühle
30 g blanchierte Mandelkerne
1 kleiner Fenchel
1 Orange
50 g Babyspinat

1 Die **Linsen** in kochendem **Salzwasser** 20–30 Minuten kochen, bis sie gar, aber noch nicht zu weich sind. In ein Sieb abgießen, kalt abbrausen und abtropfen lassen. **Zitronensaft, Dattelsirup, Ras el-Hanout** und **Olivenöl** kräftig verrühren, die Linsen untermischen und die Linsenvinaigrette mit **Salz** und **Pfeffer** kräftig würzen. 2 Während der Kochzeit die **Mandeln** in einer Pfanne ohne Fettzugabe kurz anrösten, bis sie leicht gebräunt sind. Abkühlen lassen, dann grob hacken. 3 Den **Fenchel** putzen, dabei den Strunk herausschneiden, in ganz feine Streifen hobeln oder schneiden und das Fenchelgrün hacken. Die **Orange** mitsamt der weißen Haut dick abschälen und quer in dünne Scheiben schneiden. Den **Spinat** waschen und trocken schleudern. 4 Fenchel, Orange, Spinat und Mandeln auf zwei Tellern anrichten und mit der Linsenvinaigrette beträufeln.

ohne Gluten, ohne Soja

ROSMARINKARTOFFELN

mit Zaziki und Dicke-Bohnen-Dip

Wer braucht schon Avocado, wenn er auch Dicke Bohnen haben kann? Die gesunden Hülsenfrüchte sind nur für einen Bruchteil der CO_2-Bilanz von Avocados verantwortlich und ergeben einen herrlich cremigen Dip. Der Dicke-Bohnen-Dip und das frische Zaziki sind beste Begleiter für die röschen Kartoffeln!

Zubereitungszeit 40 Minuten
Für 2 Personen

Für die Kartoffeln
500 g vorwiegend festkochende Kartoffeln
1 EL Rosmarinnadeln
2 EL Olivenöl
Salz
schwarzer Pfeffer aus der Mühle

Für das Zaziki
1 Minigurke
1 Knoblauchzehe
2 EL Minzeblätter
200 g veganer Joghurt (für sojafrei siehe Tipp)
1 EL Olivenöl
2–3 Prisen Cayennepfeffer
Salz

Für den Dip
150 g Dicke Bohnenkerne (frisch oder TK)
Salz
1 EL Basilikumblätter
1 EL Olivenöl
1 EL Zitronensaft
abgeriebene Schale von ½ Biozitrone
schwarzer Pfeffer aus der Mühle

1 Den Backofen auf 220 °C Ober-/Unterhitze (oder 200 °C Umluft) vorheizen. 2 Die **Kartoffeln** gut abbürsten (alternativ schälen), längs vierteln und auf ein Backblech geben. Den **Rosmarin** hacken und darüberstreuen. Mit **Olivenöl** beträufeln, mit **Salz** und **Pfeffer** würzen, mischen und im vorgeheizten Ofen etwa 25 Minuten backen, bis die Kartoffeln knusprig und goldbraun sind. 3 Inzwischen für das Zaziki die **Gurke** waschen und in sehr kleine Würfel schneiden. **Knoblauchzehe** schälen und ganz fein hacken. **Minzeblätter** in Streifen schneiden. Gurken, Knoblauch, Minze, **Joghurt, Olivenöl, Cayennepfeffer** und etwas **Salz** verrühren. 4 Für den Dip die **Bohnenkerne** in kochendem **Salzwasser** 1 Minute kochen, in ein Sieb abgießen, kalt abbrausen, aus den Häutchen lösen. **Basilikum** fein hacken. Bohnen, **Olivenöl** und **Zitronensaft** mit 2–3 EL Wasser in einen Mixbecher geben und mit dem Stabmixer pürieren. Basilikum und **Zitronenschale** unterrühren und mit **Salz** und **Pfeffer** abschmecken. 5 Die Kartoffeln aus dem Ofen nehmen, auf zwei Teller verteilen und dazu Zaziki und Dicke-Bohnen-Dip reichen.

Tipp Veganer Joghurt darf im Handel nicht als Joghurt deklariert werden und trägt deshalb andere fantasievolle Bezeichnungen. Neben Sojajoghurt gibt es viele sojafreie Sorten, zum Beispiel auf Basis von Mandeln, Cashews, Lupinen, Reis, Hanf oder Kokosnuss. Probiere aus, welcher dir am besten schmeckt, die Unterschiede in Geschmack und Konsistenz sind groß!

ohne Gluten, ohne Soja

GERÖSTETE KAROTTEN

mit scharfer Koriandersauce

Wer Kardamom liebt (so wie ich), der sollte gleich die doppelte Menge der scharfen grünen Sauce zubereiten. Sie schmeckt nicht nur zu den Karotten köstlich, sie macht sich zusammen mit Falafeln oder Bratlingen und frischem Gemüse oder Salat auch gut in geröstetem Pitabrot. Bei mir steht häufig ein Glas davon im Kühlschrank, so habe ich sie immer zur Hand. Die Sauce hält sich kühl aufbewahrt mindestens 4–5 Tage.

Zubereitungszeit 30 Minuten
Für 4 Personen

Für die Karotten
750 g Bundkarotten (evtl. bunte Karotten)
3 EL Olivenöl
2 EL Ahornsirup
2 EL Limettensaft
Salz
schwarzer Pfeffer aus der Mühle

Für die Sauce
4 EL Haselnusskerne
1 Knoblauchzehe
1 kleine grüne Chilischote
8–12 grüne Kardamomkapseln
1 Bund Koriander
1 Bund glatte Petersilie
4 EL Limettensaft
8 EL Olivenöl
Salz

Zum Servieren
200 g Hummus (Fertigprodukt oder siehe Seite 83)
2 EL qualitativ hochwertiges Olivenöl zum Beträufeln

1 Den Backofen auf 220 °C Ober-/Unterhitze (oder 200 °C Umluft) vorheizen. 2 Die **Karotten** putzen, dabei ein Stück von den Stielansätzen stehen lassen, schälen und dicke Karotten längs halbieren. Nebeneinander in eine Auflaufform legen. **Olivenöl, Ahornsirup** und **Limettensaft** mit etwas **Salz** und **Pfeffer** verrühren und über die Karotten träufeln. Im vorgeheizten Ofen etwa 20 Minuten backen, bis die Karotten gut gebräunt sind. 3 Inzwischen für die Sauce die **Haselnüsse** in einer Pfanne ohne Fettzugabe goldbraun rösten, dann abkühlen lassen, die Häutchen abrubbeln und die Nüsse grob hacken. 4 Die **Knoblauchzehe** schälen und grob hacken. Die **Chilischote** waschen, halbieren, Kerne und weiße Trennwände entfernen und grob hacken. **Kardamomkapseln** andrücken und die Samen aus den Hülsen lösen. **Koriander** und **Petersilie** waschen, trocken schütteln, Blätter und feine Stängel abzupfen. Knoblauch, Chili, Kardamom, Kräuter, **Limettensaft, Olivenöl** und 2 EL der gehackten Haselnüsse im Blitzhacker oder mit dem Stabmixer fein pürieren. Die Sauce mit **Salz** abschmecken. 5 Die Auflaufform aus dem Ofen nehmen. Zum Servieren Karotten und **Hummus** auf zwei Tellern anrichten. Mit Koriandersauce und **Olivenöl** beträufeln und mit den übrigen Haselnüssen bestreuen.

ohne Gluten, ohne Soja

HUMMUS

Grundrezept

Zubereitungszeit 15 Minuten plus Einweichzeit über Nacht und 45–75 Minuten Garzeit
Für 4–6 Personen

200 g getrocknete Kichererbsen
1 TL Natron
Salz
2 Knoblauchzehen
100 g Tahin (Sesammus)
3 EL Zitronensaft
1 TL gemahlener Kreuzkümmel (nach Belieben)

❶ Am Vortag die **Kichererbsen** gründlich waschen, dann in einer Schüssel mit reichlich kaltem Wasser bedecken und über Nacht (oder mindestens 12 Stunden) einweichen. ❷ Am nächsten Tag abgießen, mit **Natron,** 1 TL **Salz** und 1,5 l Wasser in einen Topf geben und aufkochen. Bei leicht geöffnetem Deckel bei niedriger bis mittlerer Hitze 45–75 Minuten sehr weich kochen. ❸ Die **Knoblauchzehen** schälen. Kichererbsen abgießen und in einen Mixbecher geben. 150 ml kaltes Wasser, **Tahin, Zitronensaft,** Knoblauch, nach Belieben **Kreuzkümmel** und etwas **Salz** hinzufügen und mit dem Stabmixer glatt und cremig mixen – alternativ den Standmixer verwenden. Falls die Konsistenz zu fest ist, etwas Wasser unterrühren. Kalt stellen.

Varianten

ROTE-BETE-HUMMUS

Zubereitungszeit zusätzlich 10 Minuten plus 30–40 Minuten Backzeit

❶ Den Backofen auf 200 °C Ober-/Unterhitze (oder 180 °C Umluft) vorheizen. 300 g **Rote Bete** schälen, in kleine Stücke schneiden und in einer Auflaufform mit 1 EL **Olivenöl,** etwas **Salz** und **Pfeffer** mischen. Abdecken und im vorgeheizten Ofen 30–40 Minuten weich garen. Herausnehmen und unter das Grundrezept pürieren. Zusätzlich mit 1 TL **Sumach** oder 2–3 TL **Balsamico-Essig** würzen.

ERBSEN-HUMMUS

Zubereitungszeit zusätzlich 10 Minuten

❶ 150 g **TK-Erbsen** in kochendem **Salzwasser** 2 Minuten garen, in ein Sieb abgießen, kalt abbrausen und abtropfen lassen. 1 Bund **Minze** und ½ Bund **glatte Petersilie** abbrausen, trocken schütteln und die Blätter grob hacken. Erbsen, Minze und Petersilie unter das Grundrezept pürieren und eventuell noch 2–3 EL Wasser unterrühren. Zusätzlich mit 1 TL **fein abgeriebener Biozitronenschale** würzen.

KÜRBIS-CURRY-HUMMUS

Zubereitungszeit zusätzlich 10 Minuten plus 20 Minuten Backzeit

❶ Den Backofen auf 200 °C Ober-/Unterhitze (oder 180 °C Umluft) vorheizen. 300 g **Hokkaido-Kürbis** entkernen, grob in Stücke schneiden und in einer Auflaufform mit 1 EL **Olivenöl,** etwas **Salz** und **Pfeffer** mischen. Im vorgeheizten Ofen 20 Minuten backen, bis der Kürbis weich und leicht gebräunt ist. Herausnehmen und unter das Grundrezept pürieren. Eventuell noch 2–3 EL Wasser einarbeiten. Zusätzlich mit etwa 2 TL **Currypulver** würzen.

ohne Gluten, ohne Soja

GEMÜSEPOMMES

mit Chermoula-Mayonnaise

Knusprige Pommes aus Wurzelgemüse sind mir die liebsten. Die Würzzutaten der aus Nordafrika stammenden Chermoula-Marinade – also Koriander, Kreuzkümmel, Knoblauch und Zitrone – mische ich unter Mayonnaise. Das Ergebnis? Pommes mit Mayo. Nur noch besser!

Zubereitungszeit 20 Minuten plus 25–30 Minuten Backzeit
Für 2 Personen

Für die Pommes
ca. 750 g Gemüse (z. B. 2–3 Karotten, 1 Süßkartoffel und 1 Petersilienwurzel)
3 EL Olivenöl
Salz
schwarzer Pfeffer aus der Mühle
1 TL Cayennepfeffer

Für die Mayonnaise
1 Knoblauchzehe
je 4 Stängel Koriander und glatte Petersilie
1 TL Kreuzkümmelsamen
½ TL Koriandersamen
½ TL Cayennepfeffer
75 g vegane Mayonnaise (Fertigprodukt; siehe Tipp)
2–3 TL Zitronensaft
Salz

1 Den Backofen auf 240 °C Ober-/Unterhitze (oder 220 °C Umluft) vorheizen. 2 Für die Pommes das **Gemüse** putzen, gut abbürsten oder schälen und in pommesgroße Stifte schneiden. 10 Minuten in eiskaltes Wasser legen. 3 In ein Sieb abgießen, gründlich trocken tupfen und auf ein Backblech geben. Mit dem **Olivenöl** vermischen, mit **Salz, Pfeffer** und **Cayennepfeffer** würzen und im vorgeheizten Ofen 25–30 Minuten backen, bis die Gemüsestifte knusprig sind, dabei zwischendurch einmal wenden. 4 Inzwischen für die Mayonnaise die **Knoblauchzehe** schälen und fein hacken. **Koriander** und **Petersilie** waschen, trocken schütteln und die Blätter ganz fein hacken. **Kreuzkümmel-** und **Koriandersamen** im Mörser fein zerstoßen. Knoblauch, Kräuter und Gewürze mit der **Mayonnaise** verrühren. Dann mit **Zitronensaft** und **Salz** abschmecken. 5 Die Gemüsepommes aus dem Ofen nehmen, auf zwei Teller verteilen und dazu die Chermoula-Mayonnaise reichen.

Tipp Mittlerweile gibt es qualitativ gute vegane Mayonnaisen, die alternativ gesüßt sind oder sogar gar keine Süße enthalten.

ohne Gluten, ohne Soja

BROTSALAT

— mit halb getrockneten Tomaten, Artischocken und Pinienkernen —

Für diesen einfachen mediterranen Salat röste ich die kleinen Tomaten im Ofen, bis sie halb getrocknet sind und schön karamellig schmecken, das gibt diesem Brotsalat sein unvergleichliches Aroma. Davon abgesehen ist Brotsalat die beste Resteverwertung für trocken gewordenes, altbackenes Brot! Wenn du keine frischen, kleinen Artischocken bekommst, dann nimm stattdessen Artischockenherzen aus der Dose.

Zubereitungszeit 45 Minuten plus 90 Minuten Backzeit
Für 2 Personen

250 g Cocktailtomaten
Salz
schwarzer Pfeffer aus der Mühle
1 TL Kokosblütenzucker
1 TL Thymianblättchen
75 g Dinkel- oder Roggensauerteigbrot
5 EL Olivenöl
2 EL Zitronensaft
4 Mini-Artischocken
1 EL Pinienkerne
4 Stängel Basilikum
30 g Pflücksalatmischung
1 EL schwarze Oliven (nach Belieben entsteint)
1 EL Kapernäpfel
1 Knoblauchzehe
1 EL Balsamico-Essig

1 Den Backofen auf 140 °C Ober-/Unterhitze (oder 120 °C Umluft) vorheizen. **2** **Cocktailtomaten** waschen und halbieren. Ein Backblech mit Backpapier auslegen und die Tomaten mit den Schnittflächen nach oben darauf verteilen. ½ TL **Salz,** reichlich **Pfeffer, Kokosblütenzucker** und **Thymian** mischen und auf die Tomaten streuen. Im vorgeheizten Ofen 90 Minuten backen. **3** Das **Brot** zuerst in Scheiben schneiden, dann in mundgerechte Stücke zupfen. Mit 1 EL **Olivenöl** beträufeln und gegen Ende der Backzeit etwa 10 Minuten im Ofen mitrösten, bis die Brotstücke knusprig und goldbraun sind. Tomaten und Brot herausnehmen und abkühlen lassen. **4** Eine Schüssel mit Wasser füllen und den **Zitronensaft** hineingeben. Von den **Artischocken** die äußeren harten Blätter sehr großzügig entfernen, dann die obere Artischockenhälfte mit einem Sägemesser abschneiden. Die Stielansätze auf 2–3 cm kürzen, schälen, die Artischocken vierteln und ins Zitronenwasser legen. **5** 2 EL **Olivenöl** in einer Pfanne erhitzen. Artischocken abgießen, trocken tupfen und darin rundum 6–8 Minuten goldbraun anbraten. Mit **Salz** und **Pfeffer** würzen und vom Herd nehmen. **6** **Pinienkerne** in einer kleinen Pfanne ohne Fettzugabe goldbraun rösten. Das **Basilikum** waschen, trocken schütteln und die Blätter etwas kleiner zupfen. Den **Salat** waschen und trocken schleudern. **Oliven** und **Kapernäpfel** abtropfen lassen. **7** Die **Knoblauchzehe** schälen und grob hacken. Vier halb getrocknete Tomatenhälften, Knoblauch, **Balsamico-Essig,** restliches **Olivenöl** und 3 EL Wasser fein pürieren. Mit **Salz** und **Pfeffer** kräftig würzen. **8** Zum Servieren alle Zutaten in einer großen Schüssel locker vermischen und einige Minuten durchziehen lassen. Dann abschmecken und genießen.

ohne Soja

WEISSKOHL-AVOCADO-SALAT

mit Granatapfel und cremigem Tahindressing

Diesen herzhaften Salat bereite ich immer dann zu, wenn ich auf dem Wochenmarkt leuchtend rote Granatäpfel entdecke. Der Salat ist auch eine ideale Vorspeise für Gäste – knusprig aufgebackenes Pita- oder Fladenbrot passt toll dazu.

Zubereitungszeit
ca. 30 Minuten
Für 2 Personen

Für das Dressing
50 g Tahin (Sesammus)
1 ½ EL Zitronensaft
1 TL Ahornsirup
½ TL gemahlener Kreuzkümmel
Salz
schwarzer Pfeffer aus der Mühle
Für das Gewürzöl
je 1 TL Fenchel- und Kreuzkümmelsamen
1 EL Olivenöl
1 gehäufter EL Sesamsaat
1 TL Schwarzkümmel
Für den Salat
200 g Weißkohl
Salz
½ Granatapfel
1 Avocado
2–3 Zweige Minze
2 EL Zitronensaft
1 EL Olivenöl
schwarzer Pfeffer aus der Mühle

1 Für das Dressing **Tahin, Zitronensaft, Ahornsirup, Kreuzkümmel** und 5 EL Wasser in einen Mixbecher geben, mit dem Stabmixer cremig mixen und mit **Salz** und **Pfeffer** abschmecken. 2 Für das Gewürzöl **Fenchel-** und **Kreuzkümmelsamen** im Mörser grob zerstoßen. **Olivenöl** in einer Pfanne erhitzen und die zerstoßenen Samen mit **Sesam** und **Schwarzkümmel** darin kurz anrösten. Abkühlen lassen. 3 Für den Salat den **Weißkohl** waschen, den Strunk entfernen und in dünne Streifen schneiden. Mit zwei Prisen **Salz** in einer Schüssel mischen und mit den Händen kurz kneten, bis der Kohl weicher wird. 4 **Granatapfelkerne** auslösen. **Avocado** halbieren, schälen, entkernen und in Spalten schneiden. Die **Minze** waschen, trocken schütteln, die Blättchen abzupfen und kleiner zupfen. Alles zum Kohl geben, **Zitronensaft** und **Olivenöl** darüberträufeln, vorsichtig mischen und mit **Salz** und reichlich **Pfeffer** abschmecken. 5 Den Salat auf zwei Teller verteilen, das Tahindressing darübergeben und mit dem Gewürzöl beträufeln.

ohne Gluten, ohne Soja

OFENGEBACKENE SÜSSKARTOFFELN

mit Asia-Coleslaw und Erdnüssen

Manches wird einfach besser, wenn man es im Ofen zubereitet. Süßkartoffeln gehören eindeutig dazu. Durch das lange Garen karamellisiert der Zucker im Fruchtfleisch und die Süßkartoffeln schmecken unvergleichlich gut. Der angenehm scharfe, fruchtige und knackige Kohlsalat passt einfach super dazu. Wenn du es gern cremig magst, dann beträufle das Ganze noch mit einem Löffel Erdnussmus.

Zubereitungszeit 40 Minuten
Für 2 Personen

Für die Süßkartoffeln
1 EL Rapsöl
2 Süßkartoffeln (à ca. 350 g)
Salz
schwarzer Pfeffer aus der Mühle

Für den Coleslaw
200 g Rotkohl
Salz
1 kleine Karotte
5 Radieschen
1 Frühlingszwiebel
½ Mango
2–3 Stängel Thai-Basilikum
1 kleine rote Chilischote
3-cm-Stück Ingwer
1 Knoblauchzehe
2 EL Limettensaft
2 EL Tamari
1 TL Sesamöl (geröstet)
1 EL Rapsöl
2 EL geröstete, gesalzene Erdnusskerne

(1) Den Backofen auf 220 °C Ober-/Unterhitze (oder 200 °C Umluft) vorheizen. (2) Für die Süßkartoffeln eine Auflaufform mit dem **Rapsöl** einfetten. **Süßkartoffeln** gründlich abbürsten, längs halbieren, dann das Fruchtfleisch mehrmals kreuzförmig einschneiden. Mit **Salz** und **Pfeffer** würzen und mit den Schnittflächen nach unten in die Form legen. Im vorgeheizten Ofen etwa 30 Minuten backen, bis sie gar sind – zur Garprobe mit einem Küchenmesser hineinstechen. (3) Inzwischen für den Coleslaw den **Rotkohl** putzen, in feine Streifen hobeln oder schneiden. In einer Schüssel mit ½ TL **Salz** mischen und mit den Händen gut durchkneten, dabei werden die Kohlstreifen weicher. (4) Die **Karotte** gut abbürsten und in feine Streifen schneiden oder hobeln. **Radieschen** putzen, waschen und in dünne Scheiben schneiden. Die **Frühlingszwiebel** waschen, putzen und in dünne Streifen schneiden. Die **Mango** schälen und das Fruchtfleisch in Scheiben schneiden. **Thai-Basilikum** waschen, trocken schütteln, dann die Blätter grob hacken und die Stiele fein hacken. Die **Chilischote** waschen, längs halbieren, entkernen und fein hacken. **Ingwer** und **Knoblauchzehe** schälen und fein hacken. (5) **Limettensaft, Tamari, Sesamöl, Rapsöl, Salz,** Chili und Ingwer verrühren, Rotkohl und alle anderen vorbereiteten Zutaten zugeben, vermengen und 10 Minuten ziehen lassen. Dann den Coleslaw abschmecken. Die **Erdnüsse** grob hacken. (6) Die Süßkartoffeln aus dem Ofen nehmen, mit den Schnittflächen nach oben auf zwei Teller setzen, den Coleslaw daraufgeben und mit den Erdnüssen bestreuen.

ohne Gluten

GRAUPEN-LAUCH-SALAT

mit rauchiger Romescosauce

Die würzige Romescosauce stammt aus Katalonien. Meine Version ist dank der fix und fertig gegrillten, eingelegten Paprika schnell gemacht. Du kannst die Sauce natürlich auch mit ofengerösteter oder mit einer vom Grillen übrig gebliebenen Paprikaschote zubereiten.

Zubereitungszeit
ca. 40 Minuten
Für 2 Personen

Für den Salat
100 g Graupen
Salz
2 dünne bis mittelgroße Stangen Lauch
4 EL Olivenöl
schwarzer Pfeffer aus der Mühle
4–6 Stängel glatte Petersilie
3 EL Zitronensaft
2 TL Ahornsirup

Für die Romescosauce
½ Glas gegrillte rote Paprika (110 g Abtropfgewicht)
1 Knoblauchzehe
50 g Mandelkerne
2 EL Olivenöl
2 TL Tomatenmark
½ TL Chiliflocken
2–3 Prisen Pimentón de la Vera (geräuchertes Paprikapulver)
1–2 TL Rotweinessig
Salz

1 Für den Salat die **Graupen** in **Salzwasser** etwa 25 Minuten bissfest kochen. 2 Inzwischen den Backofen auf 220 °C Ober-/Unterhitze (oder 200 °C Umluft) vorheizen. 3 Den **Lauch** putzen, dabei längs halbieren und waschen. Dann auf ein Backblech legen, mit 1 EL **Olivenöl** beträufeln, **salzen** und **pfeffern.** 20–30 Minuten im vorgeheizten Ofen auf der mittleren Schiene rösten, bis der Lauch weich und leicht gebräunt ist. 4 Währenddessen die **Petersilie** waschen, trocken schütteln, dann Stängel und Blätter fein hacken. **Zitronensaft, Ahornsirup,** etwas **Salz, Pfeffer** und restliches **Olivenöl** kräftig zu einem Dressing verrühren. 5 Für die Sauce die **Paprika** abtropfen lassen. **Knoblauchzehe** schälen und die **Mandeln** grob hacken. Paprika, Knoblauch und die Hälfte der Mandeln in einen Mixbecher geben, **Olivenöl, Tomatenmark, Gewürze, Essig** und etwas **Salz** hinzufügen und mit dem Stabmixer nicht zu fein pürieren. Abschmecken. 6 Die Graupen in ein Sieb abgießen, kalt abbrausen und abtropfen lassen. In eine Schüssel füllen, Petersilie und Dressing zugeben, mischen und lauwarm abkühlen lassen. Erneut abschmecken. 7 Den Lauch aus dem Ofen nehmen und etwas abkühlen lassen. Mit den Graupen auf zwei Tellern anrichten, die Sauce darübergeben und mit den übrigen Mandeln bestreuen.

ohne Soja

STANGENBOHNEN

mit Cashewsauce, Kürbiskernöl und Kürbiskerngranola

Seit ich entdeckt habe, wie lecker so ein würziges, herzhaftes Granola schmeckt, streue ich mir diese kernige Knuspermischung nicht nur über Gemüse, sondern auch gern über Blattsalate. Die Menge im Rezept reicht für gute 4 Portionen, übriges Granola füllst du in ein Schraubglas, so hast du immer etwas zur Hand. Du wirst es nicht mehr missen wollen!

Zubereitungszeit 35 Minuten
Für 2 Personen

Für das Granola
50 g Kürbiskerne
50 g Buchweizen
50 g kernige Haferflocken
2 EL Olivenöl
1 EL Kürbiskernöl
1 EL Ahornsirup
2 TL körniger Senf
Salz
schwarzer Pfeffer aus der Mühle

Für Bohnen und Garnierung
400 g Stangenbohnen
Salz
1 EL Olivenöl
1 EL Zitronensaft
schwarzer Pfeffer aus der Mühle
1 EL Bohnenkrautblättchen
1 EL Kürbiskernöl zum Beträufeln

Für die Sauce
1 Knoblauchzehe
75 g Cashewmus
1 TL abgeriebene Biozitronenschale
1 EL Zitronensaft
Salz
schwarzer Pfeffer aus der Mühle

1 Den Backofen auf 180 °C Ober-/Unterhitze (oder 160 °C Umluft) vorheizen. Ein Backblech mit Backpapier auslegen. 2 Für das Granola die **Kürbiskerne** grob hacken, mit **Buchweizen, Haferflocken,** beiden **Ölsorten, Ahornsirup, Senf,** etwas **Salz** und **Pfeffer** mischen und auf dem Backblech verteilen. Im vorgeheizten Ofen auf der mittleren Schiene etwa 25 Minuten knusprig und goldbraun backen. Herausnehmen und ganz abkühlen lassen. 3 Inzwischen die **Bohnen** putzen und in zwei bis drei Stücke schneiden. In reichlich **Salzwasser** 6–8 Minuten bissfest kochen, in ein Sieb abgießen, kalt abbrausen und abtropfen lassen. Bohnen in einer Schüssel mit **Olivenöl, Zitronensaft,** etwas **Salz** und **Pfeffer** mischen. 4 Für die Sauce die **Knoblauchzehe** schälen und grob hacken. Dann mit **Cashewmus, Zitronenschale, Zitronensaft** und 3–4 EL Wasser pürieren und mit **Salz** und **Pfeffer** abschmecken. 5 Cashewsauce auf zwei Teller streichen und die Bohnen daraufgeben. Mit **Bohnenkraut** und der Hälfte der Granola-Menge bestreuen und mit **Kürbiskernöl** beträufeln.

ohne Gluten, ohne Soja

GRÜNER QUINOA-SPARGEL-SALAT

mit gebratenen Aprikosen und Pistazien

Quinoa ist nicht nur wahnsinnig gesund (Eiweiß!), sie schmeckt durch ihr nussiges Aroma auch einfach unglaublich fein. Schon gewusst? Es gibt auch rote und schwarze Quinoa. Ich bereite von diesem Salat immer gleich die doppelte Menge zu – durchgezogen schmeckt er fast noch mal so gut und die Reste passen am nächsten Tag prima in die Lunchbox.

Zubereitungszeit 30 Minuten plus 15–20 Minuten Garzeit und 15 Minuten Marinierzeit
Für 2 Personen

100 g Quinoa tricolore
Salz
100 g TK-Erbsen
1 kleine rote Zwiebel
250 g grüner Spargel
1 Minigurke
½ Bund glatte Petersilie
3 Zweige Minze
1 TL Fenchelsamen
abgeriebene Schale und Saft von ½ Biozitrone
3 EL Orangensaft
4 EL Olivenöl
1 TL Chiliflocken
50 g gesalzene Pistazien in der Schale
3 reife Aprikosen

1 **Quinoa** in einem feinen Sieb gründlich abbrausen und in **Salzwasser** 15–20 Minuten kochen. In ein Sieb abgießen und abtropfen lassen, dann in eine Schüssel füllen und abkühlen lassen. 2 Die **Erbsen** in kochendes **Salzwasser** geben, einmal aufkochen lassen, dann abgießen, kalt abbrausen und abtropfen lassen. Die **Zwiebel** schälen und in dünne Streifen schneiden. Die Enden vom **Spargel** abschneiden, die Stangen im unteren Drittel schälen, dann schräg in dünne Scheiben schneiden. Die **Gurke** waschen und in dünne Scheiben schneiden. **Kräuter** waschen, trocken schütteln, Petersilien- und Minzeblätter grob hacken, die Petersilienstängel ganz fein schneiden. **Fenchelsamen** im Mörser grob zerstoßen. 3 Alle vorbereiteten Zutaten mit **Zitronenschale, Zitronensaft, Orangensaft,** 3 EL **Olivenöl, Chiliflocken** und etwas **Salz** zur Quinoa geben, vermengen und 15 Minuten ziehen lassen. 4 Inzwischen die **Pistazien** aus den Schalen lösen und grob hacken. Die **Aprikosen** waschen, halbieren und entsteinen. In einer Grillpfanne (oder einer normalen Pfanne) das restliche **Olivenöl** erhitzen und die Aprikosenhälften darin mit den Schnittflächen nach unten bei mittlerer Hitze 1–2 Minuten kräftig anbraten. 5 Den Salat abschmecken, auf zwei Teller verteilen, die Aprikosen daraufgeben und mit Pistazien bestreuen.

ohne Gluten, ohne Soja

SESAM-QUETSCHKARTOFFELN

mit Frühlingskräuter-Sauce und Schalotten-Pickles

Dieses Gericht ist ein gutes Beispiel, wie du aus alltäglichen, günstigen Zutaten – Kartoffeln, Joghurt und Schalotten – ein Essen zaubern kannst, das weit mehr als nur die Summe seiner Zutaten ist. Denke daran, dass du die Pickles schon am Vortag einlegst, sodass sie durchziehen können! Übrige eingelegte Schalotten kannst du im Kühlschrank einige Tage aufbewahren.

Zubereitungszeit 30 Minuten plus Marinierzeit über Nacht, ca. 20 Minuten Garzeit und ca. 45 Minuten Backzeit
Für 2 Personen

Für die Pickles
250 g Schalotten
200 ml Weißweinessig
50 ml Rote-Bete-Saft
2 TL Salz
1 TL schwarze Pfefferkörner
4 EL Kokosblütenzucker
Für die Quetschkartoffeln
500 g neue Biokartoffeln
Salz
3 EL Olivenöl
1 gehäufter EL Sesamsaat
schwarzer Pfeffer aus der Mühle
Für die Sauce
1 Knoblauchzehe
1 Handvoll gemischte Kräuter (z. B. Schnittlauch, Kerbel, Petersilie, Kresse, Pimpinelle, Sauerampfer, Melisse)
150 g veganer Joghurt (für sojafrei siehe Tipp auf Seite 79)
1 TL abgeriebene Biozitronenschale
Salz
schwarzer Pfeffer aus der Mühle

1 Am Vortag für die Pickles die **Schalotten** schälen, in Scheiben schneiden und in ein sauberes Schraub- oder Einmachglas geben. **Essig, Rote-Bete-Saft, Salz, Pfefferkörner, Kokosblütenzucker** und 150 ml Wasser aufkochen, bis sich der Zucker aufgelöst hat. Den heißen Sud über die Schalotten gießen – sie sollten vollständig bedeckt sein. Abkühlen lassen, dann das Glas schließen und die Schalotten im Kühlschrank über Nacht ziehen lassen. 2 Am nächsten Tag für die Quetschkartoffeln die **Kartoffeln** gründlich waschen und ungeschält in **Salzwasser** etwa 20 Minuten gar kochen. 3 Den Backofen auf 220 °C Ober-/Unterhitze (oder 200 °C Umluft) vorheizen. 4 Die Kartoffeln abgießen und trocken tupfen. Ein Backblech mit 1 EL **Olivenöl** einfetten, Kartoffeln darauf verteilen und mit dem Topfboden leicht zerquetschen, sodass die Schalen aufplatzen. Mit restlichem **Olivenöl** beträufeln, mit **Sesam** bestreuen und mit **Salz** und **Pfeffer** würzen. Im vorgeheizten Ofen etwa 45 Minuten backen, bis die Kartoffeln richtig knusprig und gut gebräunt sind. 5 Inzwischen für die Sauce die **Knoblauchzehe** schälen und fein hacken. **Kräuter** waschen, trocken schütteln, die Blätter abzupfen und 2 EL davon beiseitestellen. Restliche Kräuterblätter fein hacken, Schnittlauch in feine Röllchen schneiden. Knoblauch, gehackte Kräuter, **Joghurt** und **Zitronenschale** im Mixbecher pürieren, mit **Salz** und **Pfeffer** herzhaft würzen und kalt stellen. 6 Das Blech aus dem Ofen nehmen, die Kartoffeln auf zwei Teller verteilen und mit der Kräutersauce beträufeln. Die Schalotten aus dem Sud nehmen, darauf verteilen und mit den beiseitegestellten Kräutern bestreuen.

Tipp Für die Sauce kannst du auf dem Wochenmarkt oder beim Gemüsehändler eine fertige Kräutermischung kaufen oder du sammelst selbst eine bunte Kräutermischung.

ohne Gluten, ohne Soja

BACK TO THE ROOTS

Beliebte Klassiker mit neuem Twist, das erwartet dich in diesem Kapitel – egal, ob herzhaftes Comfort Food oder zünftige Alpenküche. Da kommt kein Gähnen auf, versprochen!

KÜRBIS-APFEL-GRATIN

mit Walnuss-Salbei-Crumble

Dieses Gratin lebt von seinen Kontrasten: weicher Kürbis, säuerlicher Apfel, scharfe Zwiebeln und all das eingebettet in eine cremige, intensive Sauce. Als wäre das nicht schon genug, bekommt es noch eine knusprige, würzige Haube. Mehr geht nicht, oder?

Zubereitungszeit 40 Minuten plus ca. 45 Minuten Backzeit
Für 4 Personen

80 g Walnusskerne
1 EL Hefeflocken
10 Salbeiblätter
50 g Dinkelmehl (Type 630)
40 g vegane Margarine
Salz
schwarzer Pfeffer aus der Mühle
2 Knoblauchzehen
400 ml Pflanzensahne (für sojafrei siehe Tipp)
1 EL körniger Senf
1 TL abgeriebene Biozitronenschale
½ TL frisch geriebene Muskatnuss
1,2 kg Kürbis (z. B. Muskat- oder Butternut-Kürbis)
2 kleine säuerliche Äpfel
1 Zwiebel

1 **Walnüsse, Hefeflocken** und **Salbei** im Blitzhacker fein hacken. Mit **Mehl, Margarine,** etwas **Salz** und **Pfeffer** mischen, zu Streuseln verreiben und kalt stellen. 2 Die **Knoblauchzehen** schälen und fein hacken, dann mit **Pflanzensahne, Senf** und **Zitronenschale** verrühren und mit **Salz, Pfeffer** und **Muskat** kräftig würzen. 3 Den Backofen auf 200 °C Ober-/Unterhitze (oder 180 °C Umluft) vorheizen. 4 Den **Kürbis** halbieren, entkernen, in etwa 1 cm breite Spalten schneiden und schälen. **Äpfel** waschen, entkernen und in dünne Spalten schneiden. **Zwiebel** schälen und in dünne Scheiben schneiden. 5 Kürbis, Äpfel und Zwiebeln in eine Auflaufform geben und die Sahnemischung darübergießen. Locker mit Backpapier abdecken und etwa 45 Minuten im vorgeheizten Ofen garen, dabei nach 20 Minuten das Backpapier entfernen, die Streusel darauf verteilen und das Gratin (ohne Abdeckung) zu Ende backen, bis die Streusel schön knusprig und gut gebräunt sind.

Tipp Pflanzensahne ist der Überbegriff für vegane „Sahne", die im Handel zum Beispiel als Soja Cuisine erhältlich ist, denn sie darf nicht als Sahne bezeichnet werden. Probiere aus, welche du am liebsten magst, es gibt sie auch sojafrei auf Basis von Hafer, Dinkel, Reis, Kokosnuss, Mandeln und Cashewkernen.

Rustikale

ZWIEBELPIZZA

Der Hefeteig für diese herzhaften Fladen darf lange gehen, dadurch bekommt er mehr Aroma und wird bekömmlicher. Diese Pizza wirst du nicht nur einmal machen, da wette ich mit dir!

Zubereitungszeit 45 Minuten plus Ruhezeit über Nacht und ca. 45 Minuten Ruhezeit sowie 12–15 Minuten Backzeit
Für 4 Personen

Für den Hefeteig
200 g Dinkelmehl (Type 630) plus etwas mehr zum Bestäuben
175 g Dinkelvollkornmehl
¼ Würfel frische Hefe (ca. 10 g)
2 EL Olivenöl plus etwas mehr zum Einfetten
Salz

Für den Belag
600 g rote und gelbe Zwiebeln
1 Bund Frühlingszwiebeln
5 EL Olivenöl
Salz
schwarzer Pfeffer aus der Mühle
1 Dose weiße Bohnen (240 g Abtropfgewicht)
2 TL Zitronensaft
8 Stängel Majoran
8 Zweige Thymian
2 EL veganer Cashew-„Parmesan" (siehe Tipp auf Seite 61)

1. Am Vortag für den Hefeteig beide **Mehlsorten** in eine Schüssel geben. In die Mitte eine Mulde drücken, die **Hefe** hineinbröseln und mit 125 ml handwarmem Wasser und etwas Mehl vom Rand verrühren. Abdecken und bei Raumtemperatur 15 Minuten gehen lassen. 2. Dann 100 ml kaltes Wasser, **Olivenöl** und 1 TL **Salz** zum Vorteig geben und kräftig verkneten. Zu einer weichen Teigkugel formen, in eine **geölte** Schüssel legen, abdecken und über Nacht (oder mindestens 12 Stunden) im Kühlschrank ruhen lassen. 3. Am nächsten Tag zwei Backbleche **einölen.** Den gut aufgegangenen Hefeteig auf eine **bemehlte** Arbeitsfläche geben, vierteln und jeweils zu einem etwa 22 cm großen Kreis drücken, dabei einen wulstigen Rand formen. Auf die Bleche legen und abgedeckt etwa 30 Minuten gehen lassen. 4. Inzwischen für den Belag die **Zwiebeln** schälen und in dünne Ringe schneiden. **Frühlingszwiebeln** putzen, waschen und längs halbieren. 3 EL **Olivenöl** in einer großen Pfanne erhitzen, die Zwiebeln darin bei mittlerer Hitze 5 Minuten anbraten, dann die Frühlingszwiebeln dazugeben und kurz mitbraten. Mit **Salz** und **Pfeffer** würzen. 5. Die **Bohnen** in ein Sieb abgießen, kalt abbrausen und abtropfen lassen. Dann mit restlichem **Olivenöl, Zitronensaft** und 2 EL Wasser im Standmixer ganz fein pürieren und die Bohnencreme mit **Salz** und **Pfeffer** abschmecken. 6. In der Zwischenzeit den Backofen auf 200 °C Umluft (oder 220 °C Ober-/Unterhitze) vorheizen. 7. Die Teigfladen mit der Bohnencreme bestreichen, mit Zwiebelmischung und **Kräutern** belegen und mit **Salz** und **Pfeffer** würzen. Den **„Parmesan"** darüberstreuen. 8. Beide Backbleche gleichzeitig in den vorgeheizten Ofen schieben und 12–15 Minuten knusprig backen, dabei die Bleche nach etwa 8 Minuten Backzeit tauschen. – Bei Verwendung von Ober-/Unterhitze ein Blech in den vorgeheizten Ofen auf die untere Schiene schieben und die Pizzen backen. Das zweite Blech danach genauso backen.

ohne Soja

PULLED-JACKFRUIT-BURGER

mit karamellisierten Rotweinzwiebeln

Kennst du Jackfruit? Die Tropenfrucht ist nicht nur mega im Kommen, sie ist auch megagroß! Unreif geerntet, erinnert ihr Fruchtfleisch in seiner Konsistenz an Fleisch, sodass es perfekt zu einem deftigen Burger passt. Zusammen mit den langsam geschmorten Rotweinzwiebeln ergibt das einen Burger der Extraklasse.

Zubereitungszeit 35 Minuten
Für 2 Personen

Für die Rotweinzwiebeln
2 große Zwiebeln
2 EL Olivenöl
1 EL Ahornsirup
1 EL Balsamico-Essig
50 ml Rotwein
Salz
schwarzer Pfeffer aus der Mühle
Für die Jackfruit-Füllung
1 Zwiebel
1 Knoblauchzehe
1 EL Olivenöl
300 g Jackfruit-Stücke Natur aus der Packung
Salz
schwarzer Pfeffer aus der Mühle
1 TL rosenscharfes Paprikapulver
6 EL BBQ-Sauce (siehe Tipp)
Für die Sauce
1 Knoblauchzehe
50 g veganer Joghurt (für sojafrei siehe Tipp auf Seite 79)
1 TL Olivenöl
½ TL abgeriebene Biozitronenschale
Salz
schwarzer Pfeffer aus der Mühle
Für die Burger
½ Handvoll Salatblätter
2 Brötchen (z. B. Roggen- oder Dinkelbrötchen)
2 EL BBQ-Sauce (siehe Tipp)

1 Für die Rotweinzwiebeln die **Zwiebeln** schälen und in dünne Ringe schneiden. Das **Olivenöl** in einer Pfanne erhitzen und die Zwiebeln darin bei niedriger bis mittlerer Hitze etwa 10 Minuten weich dünsten. **Ahornsirup** darüberträufeln und kurz erhitzen, bis die Zwiebeln karamellisiert sind. **Balsamico-Essig** und **Rotwein** angießen, leicht **salzen** und **pfeffern,** etwa 5 Minuten einkochen, dann abkühlen lassen. **2** Inzwischen für die Jackfruit-Füllung **Zwiebel** und **Knoblauchzehe** schälen und fein würfeln. Das **Olivenöl** in einer Pfanne erhitzen und beides darin kurz andünsten. Die **Jackfruit** unter kaltem Wasser kurz abbrausen, abtropfen lassen und das Fruchtfleisch mit den Händen etwas auseinanderzupfen. Mit in die Pfanne geben und rundum anbraten. Mit **Salz, Pfeffer** und **Paprikapulver** würzen. 5 EL Wasser und **BBQ-Sauce** dazugeben, unterrühren und alles etwa 5 Minuten bei niedriger bis mittlerer Hitze köcheln lassen, bis die Mischung dicklich eingekocht und sämig ist. Abschmecken. **3** In der Zwischenzeit für die Sauce die **Knoblauchzehe** schälen und fein hacken. Mit **Joghurt, Olivenöl, Zitronenschale,** etwas **Salz** und **Pfeffer** verrühren. **4** Für die Burger den **Salat** waschen und trocken schütteln. Die **Brötchen** aufschneiden und die unteren Hälften mit **BBQ-Sauce** bestreichen. Mit Jackfruit-Mischung, Salat und Rotweinzwiebeln belegen, mit Knoblauchsauce beträufeln und die oberen Brötchenhälften aufsetzen.

Tipp Es gibt viele verschiedene BBQ-Saucen in den unterschiedlichsten Qualitäten. Suche dir eine qualitativ hochwertige aus, die vegan, ohne Sojaprodukte und ohne raffinierten Zucker gesüßt ist.

Tipp Wer nicht auf den Geschmack von Ei verzichten möchte, gibt etwas Kala Namak an den Guss. Das Schwefelsalz erinnert geschmacklich an Ei. Du bekommst es im Bioladen oder übers Internet.

MANGOLDQUICHE

mit Oliven und Pinienkernen

Mit einer guten Quiche kann man mich glücklich machen. Ich liebe die Kombination aus mürbem, knusprigem Teig und saftigem Belag. Diese rustikale Mangoldquiche bekommt Extrawürze durch getrocknete Tomaten, Oliven und ganz viele aromatische Kräuter. Ein wenig Knoblauch darf natürlich auch nicht fehlen.

Zubereitungszeit 50 Minuten plus 40 Minuten Backzeit und 15 Minuten Ruhezeit
Ergibt 8 Stücke

Für den Teig
150 g Dinkelmehl (Type 630) plus etwas zum Bestäuben
150 g Dinkelvollkornmehl
Salz
150 g kalte Margarine plus etwas zum Einfetten
2 EL Dinkelsemmelbrösel
Für den Belag
6 getrocknete Tomaten in Öl
50 g entsteinte schwarze Oliven
2 kleine Zweige Rosmarin
600 g Mangold
1 Zwiebel
1 Knoblauchzehe
2 EL Olivenöl
Salz
schwarzer Pfeffer aus der Mühle
400 g Seidentofu
2 EL Speisestärke
½ TL gemahlene Kurkuma
1–2 Prisen Kala Namak (nach Belieben; siehe Tipp)
1 EL Hefeflocken
25 g Pinienkerne
Außerdem
1 Spring- oder Tarteform (Ø 26 cm)

1 Für den Teig beide **Mehlsorten,** knapp 1 TL **Salz, Margarine** in Flöckchen und etwa 5 EL kaltes Wasser mit den Knethaken des Handrührgeräts oder mit den Händen rasch zu einem glatten Mürbeteig verkneten. In Folie gewickelt 30 Minuten kalt stellen. 2 Inzwischen für den Belag **Tomaten** und **Oliven** abtropfen lassen und grob hacken. **Rosmarinnadeln** fein hacken. Den **Mangold** waschen, abtropfen lassen, die Stängel in 1 cm dicke Scheiben, die Blätter in breite Streifen schneiden. Die **Zwiebel** schälen und in dünne Scheiben schneiden, die **Knoblauchzehe** schälen und fein hacken. 3 Das **Olivenöl** in einer großen Pfanne erhitzen. Mangoldstiele und Zwiebeln darin 5 Minuten bei mittlerer Hitze anbraten. Knoblauch und Mangoldblätter dazugeben und kurz mitdünsten, bis die Blätter zusammengefallen sind. Mit **Salz** und **Pfeffer** würzen, vom Herd nehmen. Tomaten, Oliven und Rosmarin untermischen. 4 Den Backofen auf 200 °C Ober-/Unterhitze (oder 180 °C Umluft) vorheizen. 5 Den **Seidentofu** kurz abtropfen lassen und in einen Mixbecher geben. **Speisestärke, Kurkuma, Kala Namak** und **Hefeflocken** hinzufügen und pürieren. Den Guss mit **Salz** und **Pfeffer** abschmecken. 6 Die Form **einfetten,** den Teig auf einer leicht **bemehlten** Arbeitsfläche zu einem etwa 28 cm großen Kreis ausrollen und in die Form legen, dabei einen kleinen Rand bilden. Den Teigboden mit einer Gabel mehrmals einstechen und mit **Semmelbröseln** bestreuen. 7 Den Guss zum Gemüse geben, verrühren, auf dem Teigboden verteilen und mit **Pinienkernen** bestreuen. Im vorgeheizten Ofen auf der unteren Schiene 40 Minuten backen, dabei eventuell zwischendurch abdecken. 8 Die Quiche herausnehmen und vor dem Anschneiden 15 Minuten ruhen lassen.

GESCHMORTE WIRSINGRÖLLCHEN

mit Couscous-Walnuss-Füllung

Nicht Weißkohl, nein, Wirsing schmort hier zu einer deftigen Köstlichkeit heran. In der Füllung stecken (glutenfreier) Kichererbsen-Couscous, getrocknete Sauerkirschen, Walnüsse und orientalisches Ras el-Hanout – Kohlroulade von Oma war gestern!

Zubereitungszeit 35 Minuten plus ca. 20 Minuten Garzeit
Für 2 Personen

8 große Wirsingblätter
Salz
100 g Kichererbsen-Couscous
20 g getrocknete Sauerkirschen (alternativ Rosinen)
½ Bund glatte Petersilie
60 g Walnusskerne
1 Zwiebel
1 Knoblauchzehe
1 TL Ras el-Hanout
1 ½ EL Mandelmus
schwarzer Pfeffer aus der Mühle
150 g Cocktailtomaten
1 EL Olivenöl
250 ml Gemüsebrühe
1–2 TL Harissa

1 Die **Wirsingblätter** portionsweise in kochendem **Salzwasser** 1–2 Minuten garen, bis sie biegsam sind, dann herausnehmen und gut abtropfen lassen. Dicke Mittelrippen etwas flacher schneiden. **2** **Kichererbsen-Couscous** und **Sauerkirschen** in eine Schüssel geben, mit 150 ml kochendem Wasser übergießen und etwa 10 Minuten quellen lassen. **3** Inzwischen die **Petersilie** abbrausen, trocken schütteln und die Blätter fein hacken. Die **Walnüsse** grob hacken. **Zwiebel** und **Knoblauchzehe** schälen und fein hacken. **4** Die Couscous-Mischung in ein Sieb abgießen und abtropfen lassen. In eine Schüssel füllen, Petersilie, Walnüsse, die Hälfte der Zwiebeln und des Knoblauchs sowie **Ras el-Hanout** und **Mandelmus** dazugeben und mit **Salz** und **Pfeffer** würzen. **5** Die Wirsingblätter auf der Arbeitsfläche ausbreiten und die Couscous-Walnuss-Füllung portionsweise daraufgeben. Die Seitenränder nach innen schlagen, die Wirsingblätter aufrollen und mit Holzstäbchen fixieren. **6** Die **Tomaten** waschen und halbieren. Das **Olivenöl** in einem Bräter oder einem Topf erhitzen und restliche Zwiebeln mit dem restlichen Knoblauch darin kurz anbraten. Tomaten, **Brühe, Harissa** und etwas **Salz** dazugeben. Die Röllchen in die Sauce legen, aufkochen und abgedeckt bei kleiner Hitze etwa 20 Minuten köcheln lassen, bis sie weich sind. **7** Die Sauce abschmecken und mit den Wirsingröllchen auf zwei Schalen verteilen.

LINSEN-PASTINAKEN-EINTOPF

mit Wildreis

Der herzhafte Linseneintopf wärmt dich von innen, wenn's draußen ungemütlich und kalt ist. Anstelle der Berglinsen kannst du auch grüne Linsen oder Belugalinsen nehmen.

Zubereitungszeit 20 Minuten plus ca. 25 Minuten Garzeit
Für 2 Personen

1 Zwiebel
1 Knoblauchzehe
300 g Pastinake
1 Stange Staudensellerie
2 EL Olivenöl
2 EL Tomatenmark
150 g Berglinsen
1 TL rosenscharfes Paprikapulver
1 Lorbeerblatt
ca. 750 ml Gemüsebrühe
100 g Wildreis
Salz
1 Stängel Majoran
4 Stängel glatte Petersilie
2–3 TL Balsamico-Essig

1 **Zwiebel** schälen und grob würfeln, **Knoblauchzehe** schälen und fein hacken. **Pastinake** schälen und in kleine Würfel schneiden. **Staudensellerie** waschen, putzen und in Scheiben schneiden, das Selleriegrün grob hacken. 2 In einem Topf das **Olivenöl** erhitzen. Zwiebeln und Pastinaken darin unter Rühren etwa 5 Minuten anbraten. Staudensellerie, Knoblauch und **Tomatenmark** dazugeben und kurz mit andünsten. **Linsen, Gewürze** und **Brühe** einrühren und aufkochen. Bei niedriger Hitze 20–25 Minuten köcheln lassen, bis Linsen und Gemüse gar sind und der Eintopf sämig wird. 3 Parallel dazu den **Wildreis** in **Salzwasser** etwa 25 Minuten gar kochen, dann in ein Sieb abgießen und abtropfen lassen. 4 **Majoran** und **Petersilie** abbrausen, trocken schütteln und die Blätter grob hacken. Die Kräuter mit Reis und Selleriegrün unter den Eintopf rühren und mit **Salz, Pfeffer** und **Balsamico-Essig** herzhaft abschmecken.

ohne Gluten, ohne Soja

STAUB

OFENGEBACKENE ERBSEN-FALAFELN

mit Chipotle-Mayonnaise

Meine grünen Falafeln bereite ich im Ofen zu, damit entfällt das geruchsintensive Frittieren in Öl. Chipotle, also Jalapeño-Chilis, die zuerst geräuchert, dann gemahlen werden, geben der Mayonnaise reichlich mexikanisches Feuer. Crossover-Küche – zum Fingerablecken lecker!

Zubereitungszeit 45 Minuten plus Einweichzeit über Nacht
Für 4 Personen

Für die Falafeln
175 g getrocknete Kichererbsen
2 Knoblauchzehen
je 1 Bund Petersilie und Minze
1–2 Stängel Dill
100 g TK-Erbsen, angetaut
3–4 EL Zitronensaft
2 EL Dinkelmehl (Type 630 oder Vollkorn)
1 TL Backpulver
1 TL gemahlener Kreuzkümmel
Salz
schwarzer Pfeffer aus der Mühle
2–3 EL Olivenöl

Für die Mayonnaise
50 ml ungesüßter Pflanzendrink (für sojafrei siehe Tipp auf Seite 174)
1 TL Dijonsenf
1–2 TL Zitronensaft
100 ml Olivenöl
1 TL gemahlene Chipotle-Chili
1 Knoblauchzehe
Salz

1 Für die Falafeln am Vorabend die **Kichererbsen** in reichlich kaltem Wasser einweichen. 2 Am nächsten Tag den Backofen auf 220 °C Ober-/Unterhitze (oder 200 °C Umluft) vorheizen. Ein Backblech mit Backpapier auslegen. 3 Kichererbsen in ein Sieb abgießen und gut abtropfen lassen. Die **Knoblauchzehen** schälen. Die **Kräuter** waschen, trocken schütteln, die Blätter abzupfen und 1 EL Kräuterblätter beiseitestellen. 4 Kichererbsen, Knoblauch, restliche Kräuter, **Erbsen** und **Zitronensaft** zu einer groben Paste pürieren und in eine Schüssel geben. **Mehl, Backpulver** und **Kreuzkümmel** dazugeben, mit **Salz** und **Pfeffer** kräftig würzen und alles gut vermischen. 5 Aus der Kichererbsenmasse mit zwei Esslöffeln etwa zwölf Nocken formen und auf das Blech setzen. Großzügig mit **Olivenöl** bepinseln und im vorgeheizten Ofen auf der mittleren Schiene 15–20 Minuten backen, dabei zwischendurch zweimal wenden, sodass die Nocken von allen Seiten gut bräunen. 6 Inzwischen für die Mayonnaise den **Pflanzendrink** mit **Senf, Zitronensaft, Olivenöl** und **Chipotle-Chili** in einen Mixbecher geben. Die **Knoblauchzehe** schälen, grob hacken und zufügen. Mit dem Stabmixer etwa 10 Sekunden pürieren, bis eine dicke Mayonnaise entsteht. 2–4 EL kaltes Wasser unterrühren, bis die Mayonnaise flüssig genug ist. Mit **Salz** abschmecken. 7 Beiseitegestellte Kräuterblätter grob hacken. Falafeln aus dem Ofen nehmen, mit der Chipotle-Mayonnaise auf vier Tellern anrichten und mit den Kräutern bestreuen.

KARTOFFELKNÖDEL

mit Pilzragout

Die dunkle Pilzsauce zu den flaumigen Knödeln ist herrlich umamireich – dieses herzhafte Essen ist bestes Comfort Food in der kalten Jahreszeit.

Zubereitungszeit 65 Minuten plus 30–40 Minuten Garzeit
Für 2 Personen

Für die Knödel
500 g mehligkochende Kartoffeln
50 g Speisestärke
Salz
schwarzer Pfeffer aus der Mühle
½ TL frisch geriebene Muskatnuss
1 Scheibe Roggen- oder Dinkelsauerteigbrot oder Dinkeltoast
1 EL vegane Margarine

Für das Pilzragout
10 g getrocknete Steinpilze
250 g gemischte Pilze (z. B. Champignons und Kräuterseitlinge)
1 Zwiebel
1 Knoblauchzehe
3 getrocknete Tomaten (nicht in Öl eingelegt)
1 EL Olivenöl
1 gehäufter EL Tomatenmark
100 ml Rotwein
1 TL dunkles Miso
1 Lorbeerblatt
2–3 Zweige Thymian
250 ml Gemüsebrühe
Salz
schwarzer Pfeffer aus der Mühle
2 TL Speisestärke

1 Für die Knödel die **Kartoffeln** waschen und ungeschält 20–25 Minuten gar kochen. Abgießen, kalt abschrecken, noch warm pellen und durch eine Kartoffelpresse drücken. Mit der **Stärke** verkneten und mit **Salz, Pfeffer** und **Muskat** herzhaft würzen. Abgedeckt etwa 60 Minuten kalt stellen. 2 Inzwischen das **Brot** in kleine Würfel schneiden. Die **Margarine** in einer kleinen Pfanne erhitzen und die Brotwürfel darin bei mittlerer Hitze rundum knusprig braten. 3 Für das Pilzragout die **Steinpilze** in einer Schale mit 200 ml kochendem Wasser übergießen und einweichen. Die **Pilze** putzen und klein schneiden. **Zwiebel** und **Knoblauchzehe** schälen und fein würfeln. **Tomaten** klein schneiden. 4 In einem schweren Topf das **Olivenöl** erhitzen, Zwiebeln und frische Pilze darin bei mittlerer Hitze kräftig anbraten. Knoblauch dazugeben und kurz mitbraten. **Tomatenmark** unterrühren, dann mit **Rotwein** ablöschen. Die Steinpilze mitsamt Einweichwasser hinzufügen. Tomaten, **Miso, Lorbeer, Thymian, Brühe,** etwas **Salz** und **Pfeffer** einrühren, aufkochen und 10 Minuten ohne Deckel kochen lassen. Die **Speisestärke** mit 2 EL kaltem Wasser verrühren und die Sauce damit binden. Vom Herd nehmen. 5 Während der Ragoutgarzeit für die Knödel reichlich **Salzwasser** in einem großen Topf aufkochen. Mit angefeuchteten Händen etwa acht 5 cm große Kugeln formen, diese etwas flach drücken und je 1 TL Brotwürfel daraufgeben. Gut verschließen und die Knödel rund formen. Ins kochende Wasser geben, die Hitze reduzieren und die Knödel bei kleiner Hitze 10–15 Minuten gar ziehen lassen. 6 Das Pilzragout erhitzen und abschmecken. Die Knödel aus dem Wasser heben, gut abtropfen lassen, dann mit dem Pilzragout auf zwei Tellern anrichten.

Mediterrane

GEMÜSELASAGNE

Bei dieser Lasagne bereite ich die helle Schicht mit weißem Bohnenmus zu, das durch Mandelmus und Olivenöl schön cremig wird. Das Rösten des sommerlichen Gemüses intensiviert den Geschmack, macht es süß und würzig.

Zubereitungszeit 45 Minuten plus ca. 30 Minuten Backzeit
Für 4 Personen

Für das Gemüse
1 Aubergine (300 g)
1 Zucchini (250 g)
1 rote Paprikaschote (250 g)
1 gelbe Paprikaschote (250 g)
2 EL Olivenöl
Salz
schwarzer Pfeffer aus der Mühle

Für die Tomatensauce
½ EL Rosmarinnadeln
1 Zwiebel
1 Knoblauchzehe
1 EL Olivenöl
750 ml passierte Tomaten
2 EL Tomatenmark
1 Lorbeerblatt
Salz
schwarzer Pfeffer aus der Mühle

Für die Bohnencreme
400 g weiße Bohnen aus der Dose (240 g Abtropfgewicht)
2 Knoblauchzehen
2 EL Olivenöl
2 EL weißes Mandelmus
1 Spritzer Zitronensaft
Salz
schwarzer Pfeffer aus der Mühle
½ Bund Basilikum

Für den „Parmesan"
40 g Pinienkerne
1 EL Hefeflocken
2 EL Dinkelsemmelbrösel
Salz
schwarzer Pfeffer aus der Mühle

Zum Schichten
Olivenöl zum Einfetten und Beträufeln
ca. 150 g Lasagne-Dinkelteigblätter (ohne Vorkochen)

1 Den Backofen auf 220 °C Ober-/Unterhitze (oder 200 °C Umluft) vorheizen. 2 Für das Gemüse **Aubergine** und **Zucchini** waschen, putzen und quer in dünne Scheiben schneiden. Beide **Paprikaschoten** waschen, entkernen und in 2 cm breite Streifen schneiden. Das Gemüse auf ein Backblech legen, mit **Olivenöl** beträufeln und mit **Salz** und **Pfeffer** würzen. Im vorgeheizten Ofen etwa 20 Minuten backen, bis es leicht gebräunt ist. Herausnehmen. 3 Währenddessen für die Tomatensauce den **Rosmarin** fein hacken. **Zwiebel** und **Knoblauchzehe** schälen und fein würfeln. Das **Olivenöl** in einem Topf erhitzen, Zwiebeln und Knoblauch darin glasig dünsten. Rosmarin, **passierte Tomaten, Tomatenmark, Lorbeer,** etwas **Salz** und **Pfeffer** und 100 ml Wasser dazugeben, aufkochen und etwa 5 Minuten ohne Deckel einkochen lassen. Den Lorbeer entfernen. 4 Für die Bohnencreme die **Bohnen** in einem Sieb kalt abbrausen und abtropfen lassen. Die **Knoblauchzehen** schälen und fein hacken. Bohnen, Knoblauch, **Olivenöl, Mandelmus, Zitronensaft** und 2 EL Wasser pürieren, mit **Salz** und **Pfeffer** kräftig würzen. 1 EL **Basilikumblätter** beiseitestellen, übriges **Basilikum** fein hacken und unterrühren. 5 Für den „Parmesan" die **Pinienkerne** fein hacken, mit **Hefeflocken** und **Semmelbröseln** vermischen und mit **Salz** und **Pfeffer** würzen. 6 Zum Schichten eine große Auflaufform (etwa 20 × 30 cm) **einfetten.** Einige Esslöffel Tomatensauce darin verstreichen und eine Lage **Teigblätter** darauflegen. Nun abwechselnd Bohnencreme, Teigblätter, einige Esslöffel Tomatensauce und das Gemüse einschichten und mit Tomatensauce und Gemüse abschließen. Mit „Parmesan" bestreuen und mit 1 EL **Olivenöl** beträufeln. 7 Die Lasagne im vorgeheizten Ofen auf der mittleren Schiene etwa 30 Minuten goldbraun backen. Herausnehmen und mit beiseitegestelltem Basilikum bestreuen.

ohne Soja

SCHARFE RÖSTNÜSSE

Zubereitungszeit 10 Minuten
plus 8–10 Minuten Backzeit
Für 8 Personen

❶ Den Backofen auf 200 °C Ober-/Unterhitze (oder 180 °C Umluft) vorheizen. 400 g **gemischte Nüsse und Mandeln** mit 2 EL **Ahornsirup,** 2 EL **Olivenöl,** 2 EL **Tamari,** 1 EL **Cayennepfeffer** und ½ TL **Pimentón de la Vera** (geräuchertes Paprikapulver) vermischen. Auf einem mit Backpapier ausgelegten Blech verteilen und im vorgeheizten Ofen auf der mittleren Schiene 8–10 Minuten goldbraun rösten, dabei zwischendurch einmal wenden. Herausnehmen, mit 1 ½ TL **Rauchsalz** oder **Meersalzflocken** bestreuen und abkühlen lassen.

KNUSPRIGE KOHLCHIPS

Zubereitungszeit 15 Minuten
plus 35–40 Minuten Backzeit
Für 4 Personen

❶ Den Backofen auf 120 °C Umluft (!) vorheizen. Ein Backblech mit Backpapier auslegen. 250 g **Schwarzkohl (oder Grünkohl, Wirsing)** waschen und trocken schütteln. Dicke Blattrippen entfernen, dann die Blätter in mundgerechte Stücke schneiden. 2 EL **Olivenöl,** 1 EL **Erdnussmus,** 2 EL **geröstete Sesamsaat,** 2 EL **Tamari,** 1 EL **Ahornsirup,** ½ TL **Salz** und 1 TL **Chiliflocken** verrühren. Mit dem Kohl gründlich vermischen, sodass der Kohl gleichmäßig mit der Sauce benetzt ist, und auf dem Backblech verteilen. ❷ Im vorgeheizten Ofen auf der mittleren Schiene 35–45 Minuten backen, dabei zwischendurch ein- bis zweimal wenden, sodass alle Kohlblätter gleichmäßig knusprig werden. Herausnehmen und vollständig auskühlen lassen.

Tipp Die Chips kannst du in einem Schraubglas oder einem Behälter luftdicht verschlossen aufbewahren, so sind sie bis zu 1 Woche haltbar.

ohne Gluten

SPAGHETTI

mit Steinpilz-Bolognese

Pasta mit Bolognesesauce ist ein veganer Klassiker, das hast du bestimmt schon mal gegessen. Probiere mal diese Sauce! Sie ist durch getrocknete Steinpilze und Tomaten herrlich würzig, auch darf die Sauce lange vor sich hin köcheln und kann dabei ihr Aroma intensivieren. Die könnte zu einer deiner Lieblings-Bolognesesaucen werden!

Zubereitungszeit 45 Minuten
Für 2 Personen

10 g getrocknete Steinpilze
200 g Champignons
1 Zwiebel
1 Knoblauchzehe
1 kleine Karotte
1 Stange Staudensellerie
4 getrocknete Tomaten (nicht in Öl eingelegt)
2 EL Olivenöl
60 ml trockener Rotwein (alternativ Gemüsebrühe)
400 g stückige Tomaten aus der Dose
2 EL Tomatenmark
1 Lorbeerblatt
2 kleine Zweige Thymian
Salz
4 Stängel glatte Petersilie
200 g Spaghetti (z. B. Dinkel-, Emmer- oder Kamut-Spaghetti)
schwarzer Pfeffer aus der Mühle
2 EL veganer Cashew-„Parmesan" (nach Belieben; siehe Tipp auf Seite 61)

1 Die **Steinpilze** mit 200 ml kochendem Wasser übergießen und einige Minuten einweichen. Die **Champignons** säubern und klein hacken. **Zwiebel** und **Knoblauchzehe** schälen und fein hacken. Die **Karotte** schälen und klein würfeln. **Staudensellerie** putzen, waschen und ebenfalls in kleine Würfel schneiden. **Getrocknete Tomaten** klein schneiden. Die Pilze aus dem Einweichwasser nehmen und klein hacken, das Einweichwasser aufbewahren. **2** Das **Olivenöl** in einem schweren Topf erhitzen. Champignons, Zwiebeln, Knoblauch, Karotten und Staudensellerie hineingeben und etwa 5 Minuten kräftig anbraten. Mit **Rotwein** ablöschen und aufkochen lassen. Steinpilze, Einweichwasser, getrocknete Tomaten, **stückige Tomaten, Tomatenmark, Lorbeer, Thymian** und etwas **Salz** dazugeben und aufkochen lassen. Bei mittlerer Hitze etwa 20 Minuten schmoren, dabei ab und zu umrühren. **Petersilie** abbrausen, trocken schütteln, die Blätter fein hacken und unterrühren. **3** In der Zwischenzeit in einem großen Topf reichlich **Salzwasser** aufsetzen. Die **Spaghetti** darin nach Packungsangaben bissfest kochen, dann in ein Sieb abgießen und abtropfen lassen. **4** Die Pilz-Bolognese mit **Salz** und **Pfeffer** abschmecken, mit den Spaghetti auf zwei tiefen Tellern anrichten und nach Belieben mit dem **„Parmesan"** bestreuen.

ohne Soja

SCHWARZE-BOHNEN-CHILI

mit Süßkartoffeln, Quinoa und Schokolade

Ein Veggie-Chili hast du bestimmt schon mal gekocht oder gegessen, oder? Probiere mal dieses! Es zieht gleich mehrere Aromatrümpfe aus dem Ärmel: neben ofengerösteten Süßkartoffeln und schwarzen Bohnen auch bittere Schokolade.

Zubereitungszeit 40 Minuten
Für 2 Personen

1 Zwiebel
1–2 Knoblauchzehen
1 kleine rote Chilischote
1 Dose schwarze Bohnen (240 g Abtropfgewicht)
½ Bund Koriander
250 g Süßkartoffel
2 EL Olivenöl
Salz
1 TL Cayennepfeffer
1 TL Kreuzkümmelsamen
250–300 ml Gemüsebrühe
400 g stückige Tomaten aus der Dose
½ TL gemahlener Zimt
1 TL getrockneter Oregano
75 g schwarze oder bunte Quinoa
10 g mit Kokosblütenzucker, Dattelsüße oder Vollrohrzucker gesüßte vegane Bitterschokolade (70 % Kakaoanteil)

1 Den Backofen auf 220 °C Ober-/Unterhitze (oder 200 °C Umluft) vorheizen. 2 **Zwiebel** und **Knoblauchzehe(n)** schälen und fein würfeln. Die **Chilischote** längs halbieren, waschen, entkernen und in feine Ringe schneiden. **Bohnen** in ein Sieb abgießen, abbrausen und abtropfen lassen. **Koriander** abbrausen, trocken schütteln, die Blätter abzupfen und die Stiele fein hacken. 3 Die **Süßkartoffel** schälen und in 2 cm große Würfel schneiden. Auf ein mit Backpapier ausgelegtes Backblech geben, mit 1 EL **Olivenöl,** etwas **Salz** und je ½ TL **Cayennepfeffer** und **Kreuzkümmelsamen** mischen und im vorgeheizten Ofen auf der mittleren Schiene etwa 25 Minuten goldbraun backen, dabei zwischendurch einmal wenden. 4 Das restliche **Olivenöl** in einem Topf erhitzen. Zwiebeln und Knoblauch darin glasig andünsten. Chili, restlichen **Cayennepfeffer** und **Kreuzkümmel** hinzufügen und kurz mitdünsten. 250 ml **Brühe, stückige Tomaten, Zimt, Oregano,** etwas **Salz,** Bohnen und Korianderstiele hinzufügen und aufkochen lassen. Ohne Deckel etwa 20 Minuten leicht köcheln lassen, bis das Chili sämig eingekocht ist. Dickt das Chili zu sehr ein, noch etwas **Brühe** einrühren. 5 Parallel dazu **Quinoa** in einem feinen Sieb gründlich abbrausen und in reichlich **Salzwasser** 12–15 Minuten abgedeckt gar kochen. Vom Herd nehmen und einige Minuten ausquellen lassen. 6 Das Blech aus dem Ofen nehmen. **Schokolade** in Stückchen brechen und im heißen Chili schmelzen lassen. Die Quinoa in ein Sieb abgießen und abtropfen lassen. 7 Das Schwarze-Bohnen-Chili mit **Salz** abschmecken und mit der Quinoa auf zwei Schalen oder Teller verteilen und die gerösteten Süßkartoffelstücke daraufsetzen. Mit den Korianderblättern bestreuen.

ohne Gluten, ohne Soja

5

TAKE 5

Hier gibt's keine langen Zutatenlisten, hier gibt's keinen zeitaufwendigen Einkauf, hier gibt's dafür leckere, einfache und alltagstaugliche Rezepte mit maximal fünf Zutaten, die dazugekauft werden müssen! Das klingt gut? Dann blättere doch mal um und schau, was du mit nur einer Handvoll Zutaten und ein paar Basics, die du sowieso zu Hause hast, Tolles kochen kannst!

ZWEIERLEI BOHNEN

mit Tomaten-Oliven-Sauce

Man kann die Sonne in diesem schlichten Sommergericht geradezu schmecken. Ein, zwei Handvoll frische Bohnen, sonnengetrocknete Tomaten, herzhafte Oliven – mehr brauche ich nicht, um mir ein bisschen Süden auf den Teller zu zaubern. Polenta dazu? Gute Idee! Gläschen Wein? Auch fein!

Zubereitungszeit 20 Minuten
Für 2 Personen

Salz
150 g Dicke Bohnenkerne (frisch oder TK-Ware)
250 g grüne Bohnen
6 getrocknete Tomaten in Öl
50 g schwarze Oliven
1 Schalotte
2 EL Olivenöl
2 EL Zitronensaft
schwarzer Pfeffer aus der Mühle
2–3 Zweige Bohnenkraut oder Thymian

1 In einem Topf **Salzwasser** aufkochen und die **Bohnenkerne** darin 1 Minute kochen. Mit einer Schaumkelle herausnehmen, in ein Sieb geben, kalt abschrecken und abtropfen lassen. 2 **Grüne Bohnen** putzen, ins gleiche kochende Wasser geben und 6–8 Minuten bissfest garen. In ein Sieb abgießen, kalt abschrecken und abtropfen lassen. 3 Bohnenkerne aus den Häutchen drücken und mit den grünen Bohnen in eine Schüssel geben. 4 **Getrocknete Tomaten** und **Oliven** abtropfen lassen und fein hacken. **Schalotte** schälen und in feine Ringe schneiden. Alles mit 2 EL **Öl** von den eingelegten Tomaten, **Olivenöl, Zitronensaft,** etwas **Salz** und **Pfeffer** zu einer Sauce verrühren und über die Bohnen geben. **Kräuterblätter** abzupfen, hinzufügen und mischen. – Die Bohnen schmecken warm, lauwarm oder auch kalt.

ohne Gluten, ohne Soja

HASELNUSSPOLENTA

mit gebratenem Schwarzkohl

Kennst du Schwarzkohl? Du bekommst ihn auch unter den Bezeichnungen „Cavolo nero“ oder „Toskanischer Kohl“. Er schmeckt etwas weniger herb als sein Verwandter, der Grünkohl, punktet mit viel Eiweiß und eignet sich zum Braten oder für herzhafte Eintöpfe.

Zubereitungszeit 25 Minuten
Für 2 Personen

Für die Polenta
2 EL gemahlene Haselnusskerne
400 ml ungesüßter Haselnussdrink
1 Lorbeerblatt
Salz
schwarzer Pfeffer aus der Mühle
2 Prisen frisch geriebene Muskatnuss
100 g Instant-Polenta
2 EL vegane Margarine
Für die Garnierung
2 EL Haselnusskerne
2 EL Olivenöl zum Beträufeln
Für das Gemüse
400 g Schwarzkohl
1 rote Zwiebel
1 Knoblauchzehe
2 EL Olivenöl
Salz
schwarzer Pfeffer aus der Mühle
1–2 Spritzer Zitronensaft

1 Für die Polenta die **gemahlenen Nüsse** in einem Topf ohne Fettzugabe kurz anrösten, bis sie anfangen zu duften und zu bräunen. **Haselnussdrink** und 150 ml Wasser angießen, **Lorbeer,** etwas **Salz, Pfeffer** und **Muskat** hinzufügen und aufkochen. **Polenta** klumpenfrei einrühren und 2 Minuten unter Rühren kochen lassen. Den Topf vom Herd nehmen, die **Margarine** unterrühren und die Polenta abgedeckt 5–10 Minuten ausquellen lassen. 2 Inzwischen für die Garnierung die **ganzen Haselnüsse** in einer Pfanne ohne Fettzugabe bei niedriger bis mittlerer Hitze anrösten, bis sie bräunen. Dann abkühlen lassen, die Häutchen abrubbeln und die Nüsse grob hacken. 3 Für das Gemüse den **Schwarzkohl** putzen, dabei die dicken Blattrippen herausschneiden, und waschen. Abtropfen lassen, dann große Blätter in drei bis vier Stücke schneiden, kleine Blätter ganz lassen. **Zwiebel** schälen und in dünne Spalten schneiden. **Knoblauchzehe** schälen und fein hacken. Das **Olivenöl** in einer großen Pfanne erhitzen, Schwarzkohl und Zwiebeln darin kräftig etwa 5 Minuten anbraten, bis beides leicht gebräunt und gar ist. Den Knoblauch dazugeben und kurz mitbraten. Mit **Salz, Pfeffer** und **Zitronensaft** würzen. 4 Die Polenta erhitzen, dabei kräftig durchrühren und, falls nötig, einige Löffel Wasser unterrühren, sodass sie schön cremig ist. Den Lorbeer herausnehmen. 5 Das Gemüse mit der Polenta auf zwei Tellern anrichten, mit dem **Olivenöl** beträufeln und mit den gehackten Haselnüssen bestreuen.

ohne Gluten, ohne Soja

5-MINUTEN-DINKELVOLLKORNBROT

Zubereitungszeit 5 Minuten plus 45 Minuten Backzeit
Ergibt 1 Brot (ca. 15 Scheiben)

½ Würfel frische Hefe (21 g)
2 EL Zitronensaft
400 g Dinkelvollkornmehl
125 g Saatenmischung
1 ½ TL Salz
1 ½ TL Brotgewürz (nach Belieben)
2 TL vegane Margarine zum Einfetten

Außerdem
1 kleine Kastenform (20 cm Länge)

1 Die **Hefe** in 400 ml handwarmes Wasser krümeln, **Zitronensaft** zugeben und verrühren, bis die Hefe aufgelöst ist. **Dinkelvollkornmehl,** 100 g **Saatenmischung, Salz** und, falls verwendet, **Brotgewürz** in einer Schüssel vermischen. Das Hefewasser mit einem Kochlöffel kurz unterrühren, bis ein zäher Teig entstanden ist. 2 Die Kastenform **einfetten** und mit der Hälfte der restlichen **Saatenmischung** ausstreuen. Den Teig einfüllen, glatt streichen, mittig etwa 1 cm tief einschneiden und mit der übrigen Saatenmischung bestreuen. Die Form in den kalten Backofen auf die mittlere Schiene schieben, auf 180 °C Ober-/Unterhitze (oder 160 °C Umluft) einstellen und 45 Minuten backen. 3 Herausnehmen, einige Minuten abkühlen lassen, dann aus der Form lösen und auf einem Kuchengitter auskühlen lassen.

Tipp Statt der frischen Hefe kannst du auch ein Tütchen Trockenhefe nehmen. Diese brauchst du nicht aufzulösen, du kannst sie mit den Flüssigkeiten gleich unter die Mehlmischung rühren.

Tipps für Varianten
Du kannst die Saatenmischung durch die gleiche Menge Sonnenblumenkerne, Kürbiskerne oder Sesam ersetzen. Wenn du gern Nüsse isst, dann nimm stattdessen grob gehackte Hasel- oder Walnüsse. Du magst Fruchtiges im Brot? Dann gib zusätzlich etwa 2 EL getrocknete Früchte dazu: Rosinen oder Cranberrys, klein geschnittene Datteln oder Feigen. Du magst es gern herzhaft? Gib 2 EL getrocknete, klein geschnittene Tomaten (in Olivenöl eingelegt) zum Teig. Getrocknete Tomaten (ohne Öl) solltest du zuvor mit etwas kochendem Wasser übergießen und 10 Minuten einweichen, dann klein schneiden und dazugeben. Auch entsteinte Oliven machen sich toll im Brot – ob grüne oder schwarze, nimm die, die du am liebsten magst.

ohne Soja

OFENGERÖSTETE BALSAMICO-BETEN

mit Cashewdip

Große Bete-Liebe! Geht's dir auch so? Dann bereite doch gleich die doppelte Menge davon zu, denn – soll ich es dir verraten? – die Beten schmecken am nächsten (oder übernächsten) Tag fast noch besser. Dann konnten sie richtig lange in der intensiven Vinaigrette baden. Ich esse dazu gern das 5-Minuten-Dinkelvollkornbrot (siehe Seite 133).

Zubereitungszeit 20 Minuten plus ca. 45 Minuten Backzeit und einige Minuten Marinierzeit
Für 2 Personen

Für die Beten
500 g kleine Rote Beten und Ringel-Beten gemischt
125 g Schalotten
4 EL Olivenöl
Salz
schwarzer Pfeffer aus der Mühle
2 EL Balsamico-Essig
2 TL Ahornsirup
Für den Dip
75 g Cashewmus
1 EL Zitronensaft
1 TL gemahlener Kreuzkümmel
Salz
schwarzer Pfeffer aus der Mühle

1 Den Backofen auf 200 °C Umluft vorheizen. 2 **Beten** schälen, größere halbieren, kleine ganz lassen. **Schalotten** schälen und mit den Beten in eine Auflaufform geben. Mit 2 EL **Olivenöl** beträufeln, mit reichlich **Salz** und **Pfeffer** würzen und mischen. Im vorgeheizten Ofen etwa 45 Minuten backen, bis das Gemüse gar ist. 3 Inzwischen für den Dip das **Cashewmus** mit 4–5 EL heißem Wasser, **Zitronensaft** sowie **Kreuzkümmel** in einen Mixbecher geben, mit dem Stabmixer cremig mixen, mit **Salz** und **Pfeffer** abschmecken. 4 Restliches **Olivenöl, Balsamico-Essig** und **Ahornsirup** verrühren und dann mit **Salz** und **Pfeffer** würzen. Das Gemüse aus dem Ofen nehmen, mit der Balsamico-Mischung beträufeln, vermengen und einige Minuten durchziehen lassen. 5 Das Ofengemüse auf zwei Teller geben und dazu den Dip reichen.

ohne Gluten, ohne Soja

GRÜNKERN-KÜRBIS-RISOTTO

Ich liebe Gerichte, bei denen ich nur noch „Mmmh!" machen kann. Risotto im Allgemeinen, dieses im Besonderen, gehört eindeutig dazu. Den Kürbis für das herzhafte Risotto backe ich separat im Ofen, so bekommt er sein deftiges Röstaroma. Ein großer Löffel Mandelmus macht das kernige, gesunde Getreiderisotto wunderbar cremig. Ich bereite meist gleich die doppelte Menge zu, dann lohnt sich die lange Garzeit des gesunden Getreides. Aus den Risottoresten brate ich am nächsten Tag kleine Frikadellen.

Zubereitungszeit
ca. 35 Minuten
Für 2 Personen

1 Zwiebel
1 Knoblauchzehe
ca. 700 ml Gemüsebrühe
2 EL Olivenöl
250 g Grünkern
75 ml trockener Weißwein
1 Lorbeerblatt
400 g Hokkaido-Kürbis
Salz
schwarzer Pfeffer aus der Mühle
2 EL Kürbiskerne
1 EL Mandelmus
1–2 Spritzer Zitronensaft
1–2 EL gehackte Petersilie

(1) **Zwiebel** und **Knoblauchzehe** schälen und fein würfeln. **Brühe** erhitzen. 1 EL **Olivenöl** in einem Topf erhitzen und die Zwiebeln darin glasig dünsten. Den Knoblauch kurz mitdünsten. Den **Grünkern** unterrühren, mit **Wein** ablöschen und kurz einkochen lassen. Eine Kelle heiße Brühe und **Lorbeer** dazugeben und 25–30 Minuten köcheln lassen, bis der Grünkern weich ist. (2) Inzwischen den Backofen auf 220 °C Ober-/Unterhitze (oder 200 °C Umluft) vorheizen. Ein Backblech mit Backpapier auslegen. (3) Den **Kürbis** entkernen, waschen und ungeschält in etwa 1 cm dünne Spalten schneiden. Auf dem Blech verteilen, mit dem restlichen **Olivenöl** beträufeln und mit **Salz** und **Pfeffer** würzen. Im vorgeheizten Ofen 15–20 Minuten backen, bis der Kürbis gut geröstet und gebräunt ist. (4) Die **Kürbiskerne** in einer kleinen Pfanne ohne Fettzugabe kurz anrösten, dann grob hacken. (5) Wenn der Grünkern weich und das Risotto schön sämig ist, das **Mandelmus** einrühren. Dann die Kürbisspalten unterheben, mit **Salz, Pfeffer** und **Zitronensaft** abschmecken und mit Kürbiskernen und **Petersilie** bestreuen.

ohne Soja

SPAGHETTI

mit Rucola, Walnüssen und Feta

Ein Teller Nudeln ist immer eine gute Idee, oder? Seit ich veganen Feta entdeckt habe, gibt's dieses Pastagericht häufiger bei uns. Wenn du es noch herzhafter magst, dann mische ein bis zwei Prisen Räucherpaprika (Pimentón de la Vera) unter die Nudeln.

Zubereitungszeit 20 Minuten
Für 2 Personen

Salz
250 g Dinkelspaghetti
100 g Rucola
50 g Walnusskerne
2 Knoblauchzehen
1 kleine rote Chilischote
50 g veganer Feta
4 EL Olivenöl
1 EL Ahornsirup
2–3 Spritzer Zitronensaft

1 In einem großen Topf kräftig **gesalzenes** Wasser aufkochen. Die **Spaghetti** darin nach Packungsangabe bissfest kochen. 2 Inzwischen den **Rucola** waschen und abtropfen lassen. **Walnüsse** nicht zu fein hacken. **Knoblauchzehen** schälen und in feine Scheiben schneiden. **Chilischote** waschen, längs aufschneiden, entkernen und sehr fein hacken. Den **Feta** in kleine Würfel schneiden. 3 Kurz bevor die Spaghetti gar sind, das **Olivenöl** in einer großen Pfanne erhitzen. Die Walnüsse darin kurz anrösten, bis sie leicht gebräunt sind. Knoblauch dazugeben und ganz kurz mitdünsten. Chili und **Ahornsirup** unterrühren und direkt vom Herd nehmen. 4 Die Spaghetti in ein Sieb abgießen und kurz abtropfen lassen. Zur Walnussmischung geben, Rucola und Feta hinzufügen und alles unter Rühren kurz erhitzen. Mit **Salz** und **Zitronensaft** abschmecken. Auf zwei möglichst vorgewärmte Teller verteilen und sofort genießen.

KARTOFFEL-ZWIEBEL-RÖSTI

mit Avocadocreme

Du hast Lust auf ein einfaches und günstiges Essen? Dann bereite dir rasch diese Rösti zu! Sie sind außen herrlich knusprig und im Inneren etwas weich, durch die Zwiebeln schmecken sie süßlich-würzig und sie passen perfekt zu dem cremigen Dip.

Zubereitungszeit
ca. 30 Minuten
Für 2 Personen

Für die Avocadocreme
1 reife Avocado
1 Knoblauchzehe
2–3 EL Zitronensaft
Salz
schwarzer Pfeffer aus der Mühle

Für die Rösti
2 Zwiebeln
3–4 EL Öl zum Braten
400 g vorwiegend festkochende Kartoffeln
Salz
schwarzer Pfeffer aus der Mühle
2 Prisen frisch geriebene Muskatnuss

1 Für die Avocadocreme die **Avocado** halbieren, entkernen, das Fruchtfleisch aus den Schalen lösen und in einen Mixbecher geben. Die **Knoblauchzehe** schälen, grob hacken, mit dem **Zitronensaft** zur Avocado geben und mit dem Stabmixer fein pürieren. Mit **Salz** und **Pfeffer** würzen und abgedeckt beiseitestellen. 2 Für die Rösti die **Zwiebeln** schälen und in dünne Spalten schneiden. In einer großen Pfanne 1 EL **Öl** erhitzen und die Zwiebeln darin 5–10 Minuten bei niedriger bis mittlerer Hitze langsam rösten, bis sie weich und leicht gebräunt sind. Herausnehmen und die Pfanne auswischen. 3 Die **Kartoffeln** schälen, grob raspeln und mit den Händen so gut wie möglich ausdrücken. Die Zwiebeln einrühren und mit **Salz, Pfeffer** und **Muskat** herzhaft würzen. 4 In der Pfanne 1–2 EL **Öl** erhitzen. Mit einem Esslöffel die Kartoffelmasse portionsweise hineinsetzen, etwas flach drücken und von beiden Seiten 3–4 Minuten goldbraun und knusprig braten. Herausnehmen und auf Küchenpapier entfetten. Mit der übrigen Kartoffelmasse und dem restlichen **Öl** genauso verfahren. 5 Die Rösti mit der Avocadocreme auf zwei Tellern anrichten.

ohne Gluten, ohne Soja

WÜRZIGER SPINAT

mit gerösteten Cashews, Rosinen und Mandelmus

Würzig, süßlich, cremig und scharf – so kann Spinat schmecken, wenn man ihm die richtigen Begleiter zur Seite stellt. Ein gutes Beispiel dafür, wie ein alltägliches Gemüse mit ein, zwei raffinierten Zutaten zu einem spannenden Ganzen wird. Dieses Essen ist blitzschnell gemacht, so hast du, auch wenn es schnell gehen soll, noch genug Zeit, um einen Topf Reis oder Couscous aufzusetzen.

Zubereitungszeit 20 Minuten
Für 2 Personen

2 EL Rosinen
2 EL Olivenöl
50 g Cashewkerne
Salz
1 TL Ras el-Hanout
500 g Spinat
1 kleine rote Zwiebel
1 ½ EL helles Mandelmus
1 TL Chiliflocken

1 Die **Rosinen** mit einer Tasse heißem Wasser übergießen und einweichen lassen. 2 1 EL **Olivenöl** in einer Pfanne erhitzen und die **Cashewkerne** darin rundum kurz anrösten, bis sie leicht gebräunt sind. Mit **Salz** und **Ras el-Hanout** würzen und kurz durchschwenken, bis die Cashews mit dem Gewürz überzogen sind. Herausnehmen und die Pfanne auswischen. 3 Den **Spinat** putzen, waschen, abtropfen lassen und grob hacken. Die **Zwiebel** schälen und fein würfeln. Das restliche **Olivenöl** in der Pfanne erhitzen und die Zwiebeln darin glasig dünsten. Spinat dazugeben und unter Rühren zusammenfallen lassen. Rosinen mitsamt Einweichwasser hinzufügen, das **Mandelmus** unterrühren und mit **Salz** und **Chiliflocken** würzen. 4 Den Spinat auf zwei Teller verteilen und mit den Cashews bestreuen.

ohne Gluten, ohne Soja

LINSENAUFSTRICH

Grundrezept

Zubereitungszeit 15 Minuten plus ca. 20 Minuten Garzeit
Für 4–6 Personen

150 g kleine grüne oder braune Linsen
1 Zwiebel
1 Knoblauchzehe
2 EL Olivenöl
2 EL Tomatenmark
1 TL fein abgeriebene Biozitronenschale
2 TL Thymianblättchen
Salz
schwarzer Pfeffer aus der Mühle

1 **Linsen** in ungesalzenem Wasser etwa 20 Minuten weich kochen, dann in ein Sieb abgießen und abtropfen lassen. 2 **Zwiebel** und **Knoblauchzehe** schälen und fein würfeln. **Olivenöl** in einer Pfanne erhitzen und beides darin glasig dünsten. Zwiebelmischung, Linsen, **Tomatenmark, Zitronenschale** und **Thymian** im Blitzhacker oder mit dem Pürierstab fein pürieren. Den Linsenaufstrich mit **Salz** und **Pfeffer** abschmecken.

Varianten

BÄRLAUCH-HANF-AUFSTRICH

Zubereitungszeit zusätzlich 10 Minuten

1 50 g **Bärlauchblätter** waschen, trocken schütteln und grob hacken. 1 Bund **Petersilie** abbrausen, trocken schütteln und Blätter fein hacken. Das Grundrezept wie oben beschrieben zubereiten, dabei Bärlauch und Petersilie mit pürieren. 2 EL **geschälte Hanfsamen** unterrühren und den Aufstrich zusätzlich mit 1–2 TL **Cayennepfeffer** scharf abschmecken.

ZWIEBEL-KÜMMEL-AUFSTRICH

Zubereitungszeit zusätzlich 15 Minuten

1 Das Grundrezept wie oben beschrieben zubereiten, allerdings ohne Zwiebeln, Knoblauch und Olivenöl. Inzwischen 250 g **Zwiebeln** schälen und fein würfeln. In 3 EL **Olivenöl** bei niedriger bis mittlerer Hitze etwa 10 Minuten goldgelb anbraten. Die weichen Zwiebeln mit dem Grundrezept pürieren und den Aufstrich zusätzlich mit etwa 1 TL **grob gemörsertem Kümmel** abschmecken.

SCHARFER TOMATENAUFSTRICH

Zubereitungszeit zusätzlich 5 Minuten

1 50 g **getrocknete Tomaten** (nicht in Öl eingelegt) mit 100 ml kochendem Wasser übergießen, 10 Minuten ziehen, dann abtropfen lassen. Inzwischen das Grundrezept wie oben beschrieben zubereiten, dabei die Tomaten mit pürieren. Den Aufstrich mit 1–2 TL **Harissa** abschmecken.

ohne Gluten, ohne Soja

KNUSPRIGE BRUSCHETTA

mit Bohnen und Pesto

Die gerösteten Brote all'italiana sind im Handumdrehen fertig und daher auch ideal, wenn du überraschend Besuch bekommst: Bohnen und Pesto stammen aus dem Vorrat, Brot und Zucchini sind schnell besorgt. Perfekt für ein spontanes und einfaches Abendessen!

Zubereitungszeit 15 Minuten
Für 2 Personen

400 g Bohnenmix oder weiße Bohnen aus der Dose (240 g Abtropfgewicht)
1 EL Zitronensaft
2 EL qualitativ hochwertiges Olivenöl
Salz
schwarzer Pfeffer aus der Mühle
1 kleine Zucchini (ca. 100 g)
2 EL veganes grünes Kräuterpesto nach Wahl (z. B. Basilikum- oder Pistazienpesto)
2 große Scheiben Dinkel- oder Roggensauerteigbrot
1 EL Basilikumblätter

1 Die **Bohnen** in ein Sieb abgießen, kalt abbrausen und abtropfen lassen. Die Hälfte davon mit einer Gabel grob zerdrücken und mit **Zitronensaft,** 1 EL **Olivenöl,** etwas **Salz** und **Pfeffer** verrühren. 2 Die **Zucchini** waschen und der Länge nach in ganz dünne Scheiben hobeln (oder mit einem Sparschäler dünne Streifen abschälen), dann mit ganzen Bohnen und 1 EL **Pesto** mischen. 3 Die **Brotscheiben** knusprig toasten. Mit den zerdrückten Bohnen bestreichen. Die Bohnen-Zucchini-Mischung daraufgeben, das übrige **Pesto** auf den Broten verteilen, mit dem restlichen **Olivenöl** beträufeln und mit **Salz, Pfeffer** und **Basilikumblättern** bestreuen.

ohne Soja

GRÜNE SPINATPFANNKUCHEN

mit Bohnensalat und Hummus

Diese spinatgrünen Pfannkuchen sind ideal, wenn es schnell gehen muss, und dazu sind sie schön wandelbar. Mal bereite ich sie so wie hier zu, mal mache ich mir einen Salat dazu und manchmal gebe ich auch eine Handvoll Frühlingszwiebelröllchen an den Teig. Bestimmt fallen dir noch weitere Ideen ein!

Zubereitungszeit 30 Minuten
Für 2 Personen

100 g Spinat
1 kleine Zwiebel
1 Knoblauchzehe
5–6 EL Olivenöl
125 g Dinkelvollkornmehl
1 ½ TL Backpulver
Salz
schwarzer Pfeffer aus der Mühle
fein abgeriebene Schale von 1 Biozitrone
1 Dose Bohnenmix (240 g Abtropfgewicht)
2 EL Zitronensaft
100 g Hummus (z. B. Rote-Bete-Hummus; siehe Seite 83)

1. Den **Spinat** putzen, waschen, gut abtropfen lassen, ein paar schöne Blätter beiseitelegen, den Rest grob hacken. **Zwiebel** und **Knoblauchzehe** schälen und fein würfeln. 2. 1 EL **Olivenöl** in einer großen Pfanne erhitzen, Zwiebeln und Knoblauch darin glasig andünsten. Den Pfanneninhalt mit Spinat, **Mehl, Backpulver,** etwas **Salz** und **Pfeffer,** Hälfte der **Zitronenschale** und 250 ml kaltem Wasser im Standmixer ganz fein pürieren. Den Teig abgedeckt 10 Minuten quellen lassen. 3. Inzwischen die **Bohnen** in ein Sieb abgießen, kalt abbrausen und abtropfen lassen. Mit **Zitronensaft,** übriger **Zitronenschale,** 2 EL **Olivenöl,** etwas **Salz** und **Pfeffer** mischen und die beiseitegelegten Spinatblätter unterheben. 4. Die Pfanne auswischen und etwas **Olivenöl** darin erhitzen. Den Spinatteig portionsweise hineingeben und bei mittlerer Hitze nach und nach unter Verwendung des restlichen **Olivenöls** vier bis sechs kleine Pfannkuchen von beiden Seiten backen. 5. Die Pfannkuchen auf zwei Teller setzen und den **Hummus** mit dem Bohnensalat darauf anrichten.

KNUSPRIGE BLUMENKOHLSTEAKS

mit zitroniger Kapernsalsa

Blumenkohlsteak? Ganz genau! Die dicken Blumenkohlscheiben garen so lange im Ofen, bis sie kräftig gebräunt sind und schöne Röstaromen haben – wie ein Steak eben. Reiche frisches Brot oder cremiges Püree dazu!

Zubereitungszeit 15 Minuten
plus 30–35 Minuten Backzeit
Für 2 Personen

2 EL Olivenöl
1 großer Blumenkohl (ca. 1,2 kg; oder 2 kleine)
Salz
schwarzer Pfeffer aus der Mühle
2 EL entsteinte grüne Oliven
5 getrocknete Tomaten in Öl
1 EL Kapern
1 EL Basilikumblätter
abgeriebene Schale von ½ Biozitrone
2 EL Zitronensaft

1 Den Backofen auf 160 °C Ober-/Unterhitze (oder 140 °C Umluft) vorheizen. Ein Backblech mit 1 EL **Olivenöl** ausstreichen. 2 Den ganzen **Blumenkohl** (die Blätter ruhig dranlassen) waschen und in etwa 2 cm dicke Scheiben schneiden. Auf das Blech legen, mit dem restlichen **Olivenöl** bestreichen und mit **Salz** und **Pfeffer** würzen. Mit einem Bogen Backpapier abdecken und im vorgeheizten Ofen auf der mittleren Schiene 20 Minuten vorbacken. 3 Dann die Ofentemperatur auf 220 °C Ober-/Unterhitze (oder 200 °C Umluft) erhöhen, das Backpapier entfernen und den Blumenkohl weitere 10–15 Minuten rösten, bis er gut gebräunt ist. 4 Inzwischen für die Salsa **Oliven, Tomaten** und **Kapern** abtropfen lassen, fein hacken und in eine Schüssel geben. **Basilikum** fein hacken und hinzufügen. **Zitronenschale, Zitronensaft** und 3 EL Öl von den getrockneten Tomaten einrühren und mit **Salz** und **Pfeffer** würzen. 5 Den Blumenkohl aus dem Ofen nehmen, auf eine Servierplatte setzen und mit der Salsa beträufeln.

ohne Gluten, ohne Soja

PASTA

mit Morchelrahm

Frische Morcheln sind eine echte Delikatesse. Sie sind rar, deshalb auch recht teuer, und die Saison ist kurz, etwa von April bis Juni bekommst du die edlen Pilze. Auf getrocknete Morcheln dagegen können wir das ganze Jahr zurückgreifen. Durch ihr kräftiges Aroma schmeckt diese Pilzsauce herrlich würzig. Zur Pilzsaison bereite ich die Sauce auch gern mit frischen Waldpilzen zu, mit Maronenpilzen oder, noch besser, mit Steinpilzen, sofern ich welche finde.

Zubereitungszeit 20 Minuten
Für 2 Personen

20 g getrocknete Morcheln
1 Schalotte
1 Knoblauchzehe
200 g Champignons
Salz
200 g Nudeln (z. B. Dinkel- oder Emmer-Tagliatelle)
2 EL Olivenöl
evtl. 2 EL Cognac oder Weinbrand
100 ml Gemüsebrühe
250 ml Pflanzensahne
1 EL Miso
schwarzer Pfeffer aus der Mühle
½ Bund glatte Petersilie

(1) Die **Morcheln** mit 100 ml kochendem Wasser übergießen und einige Minuten einweichen lassen. (2) Inzwischen **Schalotte** und **Knoblauchzehe** schälen und fein würfeln. Die **Champignons** putzen und je nach Größe halbieren oder vierteln. Die Morcheln aus dem Einweichwasser nehmen, das Wasser durch ein feines Sieb gießen und aufbewahren. (3) Reichlich **Salzwasser** in einem Topf aufkochen und die **Nudeln** darin nach Packungsanleitung bissfest garen. (4) Währenddessen das **Olivenöl** in einer Pfanne erhitzen und die Champignons mit den Schalotten darin kurz anbraten. Den Knoblauch dazugeben und kurz mitdünsten. Mit **Cognac** ablöschen, dann **Brühe, Pflanzensahne, Miso,** Morcheln und das Einweichwasser hinzufügen, aufkochen und 5 Minuten offen einkochen lassen. Mit **Salz** und **Pfeffer** würzen. Die **Petersilie** abbrausen, trocken schütteln, die Blätter von den Stielen zupfen, grob hacken und unterrühren. (5) Die Nudeln abgießen, mit dem Morchelrahm vermischen und auf zwei Teller aufteilen.

GERÖSTETE KNOBLAUCHSUPPE

mit Haselnüssen

Knoblauch-Lover aufgepasst! Gleich zwei Knollen Knoblauch wandern in diese herzhafte Suppe. Zuerst backen sie ein Weilchen im Ofen, dabei werden die Zehen weich, karamellisieren und bekommen ein deutlich milderes Aroma. An heißen Tagen schmeckt die Suppe übrigens auch gekühlt köstlich.

Zubereitungszeit 20 Minuten plus ca. 35 Minuten Röstzeit
Für 2 Personen

2 EL Olivenöl plus etwas zum Beträufeln
2 frische Knoblauchknollen
2 EL Haselnusskerne
2 EL Dinkelmehl (Type 630)
ca. 500 ml Gemüsebrühe
100 ml Pflanzensahne (für sojafrei siehe Tipp auf Seite 102)
1 Lorbeerblatt
1 kleiner Zweig Rosmarin
Salz
2–3 Prisen Piment d'Espelette oder Cayennepfeffer
2–3 Spritzer Zitronensaft

1 Den Backofen auf 180 °C Ober-/Unterhitze (oder 160 °C Umluft) vorheizen. 2 Eine kleine Auflaufform mit 1 EL **Olivenöl** ausstreichen. Die **Knoblauchknollen** quer halbieren und mit den Schnittflächen nach unten in die Auflaufform legen. Abdecken und im vorgeheizten Ofen etwa 35 Minuten backen – die Zehen sollten dann karamellisiert und hellbraun sein, sonst noch einige Minuten weiterrösten. Herausnehmen und die Knoblauchzehen aus den Hälften drücken oder mit einer Gabel herausziehen. 3 Parallel dazu die **Haselnüsse** in eine zweite Form geben, mit in den Ofen schieben und etwa 10 Minuten rösten, bis sie gut gebräunt sind. Herausnehmen, etwas abkühlen lassen, dann die Häutchen mit einem Küchentuch abrubbeln. Die Nüsse grob hacken. 4 Das restliche **Olivenöl** in einem Topf erhitzen, das **Mehl** hineinrühren und kurz anschwitzen. **Brühe** und **Pflanzensahne** angießen, **Lorbeer** und **Rosmarin** dazugeben und aufkochen. Den Knoblauch einrühren und bei mittlerer Hitze 10 Minuten kochen. Lorbeer und Rosmarin entfernen. 5 Die Suppenmischung fein pürieren und mit **Salz,** etwas **Piment d'Espelette** und **Zitronensaft** abschmecken. Erneut kurz erhitzen, in zwei Teller füllen, mit etwas **Olivenöl** beträufeln und mit Haselnüssen und etwas **Piment d'Espelette** bestreuen.

ohne Soja

SWEETS

Süß und deftig? Aber klar doch! In diesem Kapitel gibt's Desserts, Schmankerl, Kuchen. Für morgens, zwischendurch und hinterher. So geht gesundes Schlemmen heute!

CHEESECAKE

mit Kirschen

Gibt es jemanden, der einem Stück Cheesecake widerstehen kann? Ich kenne keinen! Auch wenn du es kaum abwarten kannst: Lass den Kuchen vor dem Anschneiden ganz auskühlen, erst dann wird er so fest, dass du ihn gut in Stücke schneiden kannst.

Zubereitungszeit 45 Minuten plus 30 Minuten Kühlzeit und 60 Minuten Backzeit
Ergibt 12 Stücke

Für den Mürbeteig
250 g Dinkelmehl (Type 630) plus etwas zum Bestäuben
125 g vegane Margarine plus etwas zum Einfetten
60 g Birkenzucker (Xylit)
1 Prise Salz

Für die Füllung
1 Vanilleschote
800 g Soja-Skyr (siehe Tipp)
200 ml Pflanzensahne
abgeriebene Schale und Saft von 1 Biozitrone
150 g Birkenzucker (Xylit)
60 g Speisestärke

Für das Kompott
750 g Kirschen
½ Vanilleschote
3 EL Ahornsirup
2 EL Zitronensaft
2 TL Speisestärke

Außerdem
Springform (Ø 26 cm)

1 Für den Mürbeteig **Mehl, Margarine** in Flöckchen, **Birkenzucker, Salz** und 2 EL kaltes Wasser mit den Knethaken des Handrührgeräts oder mit den Händen rasch zu einem glatten Mürbeteig verkneten. In Frischhaltefolie wickeln und 30 Minuten kalt stellen. 2 Inzwischen den Backofen auf 180 °C Ober-/Unterhitze (oder 160 °C Umluft) vorheizen. Die Springform **einfetten.** 3 Für die Füllung die **Vanilleschote** längs aufschlitzen und das Mark herauskratzen. Vanillemark, **Skyr, Pflanzensahne, Zitronenschale, Zitronensaft, Birkenzucker** und **Stärke** mit einem Schneebesen gut zu einer glatten Creme verrühren. 4 Den Teig auf einer leicht **bemehlten** Arbeitsfläche etwas größer als die Springform ausrollen und die Form damit auslegen, dabei einen Rand formen. Den Teigboden mit einer Gabel mehrmals einstechen und die Füllung hineingießen. Im vorgeheizten Ofen auf der unteren Schiene 60 Minuten backen. Herausnehmen und auf einem Kuchengitter vollständig auskühlen lassen. 5 Für das Kompott die **Kirschen** waschen und entsteinen. **Vanilleschote** aufschlitzen und das Mark herauskratzen. Beides mit Kirschen, **Ahornsirup, Zitronensaft** und 400 ml Wasser in einem Topf aufkochen und 3 Minuten kochen lassen. Die **Stärke** mit 2 EL kaltem Wasser verrühren und das Kompott damit binden. Lauwarm abkühlen lassen. 6 Den Cheesecake in Stücke schneiden und mit dem Kirschkompott genießen.

Tipp Alternativ zu pflanzlichem Skyr kannst du auch veganen Sojaquark verwenden. Du bekommst ihn im Bioladen unter der Bezeichnung „Quarkalternative aus Soja" oder „Alternative zu Quark" angeboten. Achte beim Kauf auf ungesüßten „Quark", denn es gibt auch gesüßte oder mit Früchten aromatisierte Produkte.

ROTWEINBIRNE

mit Zimteiscreme und Schokoladensauce

Birne, Eis und Schokolade – das klingt nach einem feinen Dessert-Trio, oder? Die Birnen bekommen durch ihr Bad im dunklen Wein nicht nur eine tolle Farbe, sie schmecken auch unglaublich intensiv. Du kannst die Birnen auch in Holundersaft garen. Wem der Lorbeer bei dieser süßen Leckerei fremd vorkommt, dem kann ich nur empfehlen: Ausprobieren! Es lohnt sich!

Zubereitungszeit 40 Minuten plus Gefrierzeit, 15–20 Minuten Garzeit und Abkühlzeit
Für 4 Personen

Für die Zimteiscreme
100 g Cashewmus
200 ml Kokosmilch
150 ml ungesüßter Mandeldrink
50 ml Ahornsirup
25 g Birkenzucker (Xylit)
1 TL Guarkernmehl
1 TL gemahlene Vanille
2 TL gemahlener Zimt

Für die Birnen
600 ml kräftiger Rotwein
80 g Ahornsirup
1 Zimtstange
2 Gewürznelken
2 Lorbeerblätter
5-cm-Stück Bioorangenschale
4 feste, aber reife mittelgroße Birnen
2 TL Speisestärke

Für Topping und Schokosauce
2 EL Haselnusskerne
50 g mit Kokosblütenzucker, Dattelsüße oder Vollrohrzucker gesüßte vegane Bitterschokolade (70 % Kakaoanteil)
75 ml Pflanzensahne (für sojafrei siehe Tipp auf Seite 102)

Außerdem
Eiscrememaschine (siehe Tipp)

1 Für die Zimteiscreme alle **Zutaten** im Standmixer pürieren, in der Eiscrememaschine zu Eiscreme verarbeiten und ins Gefrierfach stellen. 2 Für die Birnen **Rotwein, Ahornsirup, Zimt, Nelken, Lorbeer** und **Orangenschale** in einem kleineren Topf erhitzen. Die **Birnen** schälen, dabei den Stiel dranlassen, und aufrecht in den Rotweinsud stellen. Den Deckel auflegen und 15–20 Minuten leise köcheln lassen – die Gardauer hängt von der Birnensorte und dem Reifegrad ab, daher zwischendurch mit einem kleinen Küchenmesser den Gargrad prüfen. 3 Mit einem Schaumlöffel aus dem Sud heben. Die **Stärke** mit 2 EL Wasser verrühren und den Rotweinsud damit binden. Die Birnen wieder hineingeben und in der Sauce auskühlen und durchziehen lassen. 4 Für das Topping die **Haselnüsse** grob hacken und in einer Pfanne ohne Fettzugabe leicht anrösten. Abkühlen lassen. 5 Für die Schokosauce die **Schokolade** in Stückchen brechen und zusammen mit der **Pflanzensahne** bei sehr niedriger Hitze schmelzen, dabei ab und zu umrühren, bis eine glatte Sauce entstanden ist. 6 Die Eiscreme vor dem Servieren einige Minuten im Kühlschrank antauen lassen. Zum Anrichten Eiscreme, Birne und Rotweinsauce in vier Dessertschalen geben, mit Schokosauce beträufeln und mit Haselnüssen bestreuen.

Tipp Für die Eiscreme kannst du anstelle von Cashewmus auch 100 g Cashewkerne nehmen. Diese mindestens 6 Stunden in kaltem Wasser einweichen und im Hochleistungsmixer pürieren. Falls keine Eiscrememaschine vorhanden ist, die Eismasse in eine Gefrierdose geben und 1–2 Stunden gefrieren, dabei alle 15 Minuten durchrühren, um die Eiskristalle aufzubrechen.

ohne Gluten, ohne Soja

BEEREN-CRISP

mit Vanillejoghurt

Unter der knusprigen Kokoshaube verbergen sich saftige Beeren. Mir schmeckt eine Mischung aus mehreren Sorten am besten. Nimm die, die gerade Saison haben! Außerhalb der Beerensaison kannst du auf tiefgekühlte Beeren zurückgreifen.

Zubereitungszeit 20 Minuten plus 20–25 Minuten Backzeit
Für 2 Personen

400 g gemischte Beeren
1 TL abgeriebene Biozitronenschale
2 EL Ahornsirup
50 g kernige Haferflocken
50 g gemahlene Mandeln
25 g Sonnenblumenkerne
25 g Kokosblütenzucker
15 g Kokosraspel
50 g weiches Kokosöl
1 Prise Salz
½ Vanilleschote
250 g Kokosjoghurt
Außerdem
2 kleine Auflaufformen oder Kokotten (Ø à ca. 15 cm)

1 Die **Beeren** verlesen, waschen und gut abtropfen lassen. Große Erdbeeren, falls verwendet, halbieren. Beeren mit **Zitronenschale** und **Ahornsirup** in den Formen mischen und etwas Saft ziehen lassen. 2 Den Backofen auf 200 °C Ober-/Unterhitze (oder 180 °C Umluft) vorheizen. 3 **Haferflocken, Mandeln, Sonnenblumenkerne, Kokosblütenzucker, Kokosraspel, Kokosöl** und **Salz** in eine Schüssel geben und mit den Fingern zu feinen Streuseln reiben. Auf den Beeren verteilen und im vorgeheizten Ofen auf der mittleren Schiene 20–25 Minuten backen, bis die Streusel goldbraun sind. 4 Die **Vanilleschote** längs halbieren, das Mark herauskratzen und unter den **Kokosjoghurt** rühren. 5 Den Crisp aus dem Ofen nehmen und heiß oder auch lauwarm mit dem Vanillejoghurt servieren.

ohne Gluten, ohne Soja

APRIKOSEN-GALETTE

mit Thymian und Haselnüssen

Das klingt nach Süden, oder? Reife Aprikosen, duftender Thymian – so schmeckt der Sommer in Frankreich! Ich mag die knusprige, rustikale Tarte am liebsten pur, du kannst sie aber auch mit Eiscreme oder cremig gerührtem Joghurt anrichten.

Zubereitungszeit 35 Minuten plus 60 Minuten Kühlzeit und ca. 35 Minuten Backzeit
Ergibt 8 Stücke

Für den Teig
125 g Dinkelmehl (Type 630) plus etwas zum Bestäuben
100 g Dinkelvollkornmehl
25 g gemahlene Haselnüsse
25 g Kokosblütenzucker plus 1 EL zum Bestreuen
¼ TL Salz
125 g kalte vegane Margarine
2 EL ungesüßter Pflanzendrink (für sojafrei siehe Tipp auf Seite 174)

Für die Füllung
600 g Aprikosen
50 g Haselnusskerne
2 EL Ahornsirup
2 EL Zitronensaft
1 EL Speisestärke
1 EL Thymianblättchen
2 EL gemahlene Haselnüsse

1 Für den Teig beide **Mehlsorten, Haselnüsse, Kokosblütenzucker, Salz** und **Margarine** in Flöckchen in eine Schüssel geben und zu groben Streuseln reiben. 3 EL eiskaltes Wasser dazugeben und alles rasch zu einem Teig verkneten – nicht zu gut verkneten, es sollten noch kleine, etwa erbsengroße Margarinestückchen zu sehen sein, das macht den Teig schön mürbe. In Frischhaltefolie wickeln und 60 Minuten kalt stellen. 2 Gegen Ende der Kühlzeit für die Füllung die **Aprikosen** waschen, halbieren und entsteinen. Die **Haselnüsse** grob hacken. Aprikosen, Haselnüsse, **Ahornsirup, Zitronensaft, Stärke** und **Thymian** mischen und kurz Saft ziehen lassen. 3 Den Backofen auf 220 °C Ober-/Unterhitze (oder 200 °C Umluft) vorheizen. Ein Backblech mit Backpapier auslegen. 4 Den Teig auf einer leicht **bemehlten** Arbeitsfläche zu einem etwa 32 cm großen Kreis ausrollen und auf das Blech legen. Mit **gemahlenen Haselnüssen** bestreuen, die Aprikosen darauf verteilen, dabei einen etwa 4 cm breiten Rand frei lassen. Den Teigrand locker über den Belag klappen, mit dem **Pflanzendrink** bestreichen und mit dem zusätzlichem **Kokosblütenzucker** bestreuen. Im vorgeheizten Ofen auf der unteren Schiene etwa 35 Minuten goldbraun backen. 5 Herausnehmen und die Galette nach Belieben ofenwarm oder (lauwarm) abgekühlt servieren.

SCHOKOLADENCOOKIES

mit Sesam, Olivenöl und Meersalz

Diese Cookies sind unglaublich mürbe und nussig – und dabei auch noch gesund! Sie begeistern selbst diejenigen, die der Meinung sind, veganes Gebäck schmecke staubig oder einfach fad. Unbedingt ausprobieren! Und am besten gleich ein paar an einem sicheren Ort – also in einer gut schließenden Dose – aufbewahren, die Cookies sind sonst schneller weggeknuspert, als sie gebacken sind ...

Zubereitungszeit 25 Minuten plus 2 Stunden Kühlzeit und ca. 10 Minuten Backzeit
Ergibt 18 Stück

1 EL Leinsamen
125 g Dinkelmehl (Type 630)
75 g Roggenvollkornmehl
1 TL Backpulver
1 gestrichener EL Kakaopulver
1 TL gemahlener Zimt
1 Prise Salz
150 g mit Kokosblütenzucker, Dattelsüße oder Vollrohrzucker gesüßte vegane Bitterschokolade (70 % Kakaoanteil)
100 ml Olivenöl
100 g Tahin (Sesammus)
125 g Kokosblütenzucker
75 g Ahornsirup
2 EL Sesamsaat
1 TL Meersalzflocken
Außerdem
Eiskugelportionierer

(1) Die **Leinsamen** im Mörser fein zerreiben, mit 2 EL kaltem Wasser verrühren und 10 Minuten quellen lassen. (2) Inzwischen beide **Mehlsorten** mit **Backpulver, Kakao, Zimt** und **Salz** mischen. Die **Schokolade** gleichmäßig hacken und 2 EL davon beiseitestellen. (3) In einer Schüssel **Olivenöl, Tahin, Kokosblütenzucker** und **Ahornsirup** mit den Quirlen des Handrührgeräts 1–2 Minuten verrühren, bis sich der Zucker fast aufgelöst hat. Zuerst die Leinsamenmischung, dann die Mehlmischung kurz einrühren und zuletzt die Schokolade unterheben. Abdecken und den Teig mindestens 2 Stunden kalt stellen. (4) Den Backofen auf 180 °C Ober-/Unterhitze (oder 160 °C Umluft) vorheizen. Zwei Backbleche mit Backpapier auslegen. (5) Aus dem Teig mit einem Eiskugelportionierer 18 Kugeln formen, mit etwas Abstand auf die Bleche geben und etwas flach drücken. Beiseitegestellte Schokoladenstücke hineindrücken, mit **Sesam** und **Meersalzflocken** bestreuen und im vorgeheizten Ofen auf der mittleren Schiene etwa 10 Minuten backen. (6) Herausnehmen – die Kekse sind dann vor allem in der Mitte noch sehr weich, sie werden erst beim Abkühlen fest. Nicht länger backen und unbedingt ganz auskühlen lassen, dann erst vom Backpapier lösen.

ohne Soja

OFENGEBACKENE SOMMERFRÜCHTE

mit Rosmarin

Was für ein aromatisches und dabei so einfaches Dessert: Sonnengeküsste Früchte in Papier einschlagen und nach einer kleinen Runde im Ofen ein köstlich duftendes Päckchen aufmachen. Eiscreme oder Joghurt dazu? Klar doch!

Zubereitungszeit 15 Minuten plus ca. 20 Minuten Backzeit
Für 2 Personen

- 1 reifer Pfirsich oder reife Nektarine
- 1 Aprikose
- 1 Feige
- 100 g Kirschen
- 100 g Blaubeeren
- 2 kleine Zweige Rosmarin
- 2 EL Ahornsirup
- 2 TL Kokosöl

1 Den Backofen auf 200 °C Ober-/Unterhitze (oder 180 °C Umluft) vorheizen. 2 Alle **Früchte** waschen und abtropfen lassen. Den Pfirsich entsteinen und vierteln, die Aprikose entsteinen und halbieren. Die Feige halbieren. 3 Zwei große Bögen Backpapier auf die Arbeitsfläche legen. Jeweils die Hälfte der Früchte mit je einem Zweig **Rosmarin** mittig daraufgeben und mit dem **Ahornsirup** beträufeln. Dann je 1 TL **Kokosöl** daraufsetzen. Die Ränder des Backpapiers über den Früchten falten und verschließen, dabei Luft in den Päckchen lassen, und die Enden zudrehen. 4 Die Päckchen auf ein Backblech setzen und im vorgeheizten Ofen etwa 20 Minuten backen – die Garzeit hängt vom Reifegrad der Früchte ab. Sind sie beim Herausnehmen noch fest, die Päckchen noch einige Minuten länger im Ofen lassen.

Tipp Das Obst für dieses Dessert sollte unbedingt aromatisch sein. Halte dich grob, aber nicht sklavisch an die im Rezept genannten Mengen und Sorten und achte auf Früchte, die wirklich reif sind und viel Eigengeschmack haben.

ohne Gluten, ohne Soja

BUCHWEIZEN-GRANOLA

mit Amaranth

Dieses Granola kommt bei uns so gut an – und damit entsprechend schnell weg –, dass ich immer gleich die doppelte Menge davon zubereite und – bei Umluft – beide Bleche gleichzeitig in den Ofen schiebe. Das spart nicht nur Zeit, sondern auch Energie. Du kannst das Granola nach deinem Gusto fast beliebig abwandeln, solange du dich ungefähr an die Mengen hältst.

Zubereitungszeit 15 Minuten plus ca. 25 Minuten Backzeit
Für 10 Portionen

50 g Mandelkerne
50 g Haselnusskerne
300 g kernige Haferflocken (alternativ Dinkelflocken)
50 g Buchweizen
25 g Sonnenblumenkerne
25 g Leinsamen
2 TL gemahlener Zimt
8 EL Rapsöl
1 Prise Salz
125 g Ahornsirup
150 g Trockenfrüchte (z. B. Aprikosen, Rosinen und Cranberrys)
25 g gepuffter Amaranth

1 Den Backofen auf 180 °C Ober-/Unterhitze (oder 160 °C Umluft) vorheizen. Ein Backblech mit Backpapier auslegen. **2** **Mandeln** und **Haselnüsse** grob hacken. Beides mit **Haferflocken, Buchweizen, Sonnenblumenkernen, Leinsamen, Zimt, Rapsöl, Salz** und **Ahornsirup** in einer Schüssel gut mischen. Die Masse gleichmäßig auf dem Backpapier verteilen und im vorgeheizten Ofen etwa 25 Minuten goldbraun rösten, dabei nach 10 Minuten einmal gut durchmischen. **3** Größere **Trockenfrüchte** wie Aprikosen klein schneiden. Das Blech aus dem Ofen nehmen, Früchte und **Amaranth** untermischen und das Granola vollständig auskühlen lassen – es wird erst richtig knusprig, wenn es ganz kalt ist. Dann erst in ein großes Schraubglas füllen.

Tipp Bewahre das Granola in einem gut schließenden Schraubglas auf, dann bleibt es etwa 4 Wochen frisch und knusprig. Du kannst es pur knabbern oder ein Müsli daraus zubereiten oder auch über Joghurt streuen.

ohne Gluten, ohne Soja

SCHOKO-ESPRESSO-KUCHEN

mit Pekannüssen

Diesen Kuchen bereite ich gern zu, wenn ich wenig Zeit oder auch einfach nur keine Lust zum Einkaufen habe, denn die Zutaten sind Basics und eigentlich immer da. Der Kuchen ist unglaublich saftig, bleibt lange frisch und schmeckt am besten zu einem kleinen Espresso.

Zubereitungszeit 20 Minuten plus 35–40 Minuten Backzeit
Ergibt 8 Stücke

vegane Margarine zum Einfetten
50 g mit Kokosblütenzucker, Dattelsüße oder Vollrohrzucker gesüßte vegane Bitterschokolade (70 % Kakaoanteil)
50 g Kakaopulver
200 g Dinkelmehl (Type 630)
200 g Kokosblütenzucker
1 ½ TL Natron
1 Prise Salz
80 g neutrales Öl (z. B. mildes Raps- oder Sonnenblumenöl)
125 ml frisch zubereiteter Espresso
1 TL Essig
100 g Pekannusskerne
125 g braunes Mandelmus
½ TL Meersalzflocken
Außerdem
Springform (Ø 20 cm)

1. Den Backofen auf 180 °C Ober-/Unterhitze (oder 160 °C Umluft) vorheizen. Die Springform mit Backpapier auslegen, den Rand mit **Margarine** einfetten. 2. Die **Schokolade** gleichmäßig hacken. Den **Kakao** in eine Schüssel sieben, **Mehl, Kokosblütenzucker, Natron** und **Salz** dazugeben und vermischen. **Öl, Espresso, Essig** und 100 ml warmes Wasser einrühren, dann die Schokolade unterheben. 3. Den Teig in die Form füllen und im vorgeheizten Ofen auf der mittleren Schiene 35–40 Minuten backen. Dann herausnehmen – der Kuchen ist jetzt in der Mitte noch etwas weich – und abkühlen lassen, dabei wird er fester. 4. Die **Pekannüsse** grob hacken. Den Kuchen aus der Form lösen, das **Mandelmus** darauf verteilen und mit Pekannüssen und **Meersalzflocken** bestreuen.

ohne Soja

FLUFFIGE PANCAKES

mit karamellisierten Pflaumen und Hanfknusper

Die kleinen Pancakes schmecken immer, ob morgens zum Frühstück oder im Laufe des Tages. Wenn gerade keine Pflaumenzeit ist, dann kannst du auch Aprikosen, Nektarinen oder Pfirsiche nehmen.

Zubereitungszeit 45 Minuten
Für 2 Personen

Für die Pancakes
100 g Dinkelvollkornmehl
1 TL Backpulver
1 Prise Salz
2 EL neutrales Öl
150 ml ungesüßter Pflanzendrink (für sojafrei siehe Tipp)
1 EL Ahornsirup
1 EL Zitronensaft
1–2 EL Kokosöl zum Braten

Für den Hanfknusper
2 EL ungeschälte Hanfsamen
½ TL gemahlener Zimt
1 EL Ahornsirup
1 EL grüne Pistazienkerne

Für die Pflaumen
250 g Pflaumen
1 TL Kokosöl
1 EL Ahornsirup

1 Für die Pancakes **Mehl, Backpulver** und **Salz** in einer Schüssel mischen. **Öl, Pflanzendrink, Ahornsirup** und **Zitronensaft** verrühren, zur Mehlmischung gießen, zu einem glatten Teig verrühren und 15 Minuten quellen lassen. 2 Inzwischen für den Hanfknusper die **Hanfsamen** in einer beschichteten Pfanne ohne Fettzugabe kurz anrösten, bis sie anfangen zu duften. Mit **Zimt** bestreuen, mit **Ahornsirup** beträufeln und kurz karamellisieren lassen, dann die Pfanne vom Herd nehmen. Die **Pistazien** grob hacken und unterrühren. Auf einen Teller geben und fest werden lassen. Die Pfanne auswischen. 3 Für die Pflaumen die **Früchte** waschen, entsteinen und vierteln. Das **Kokosöl** in der gleichen Pfanne erhitzen und die Pflaumen darin bei mittlerer Hitze 2 Minuten anbraten. Mit **Ahornsirup** beträufeln, kurz karamellisieren lassen und in eine Schale geben. Die Pfanne auswischen. 4 Zum Braten das **Kokosöl** in der Pfanne erhitzen. Den Pancake-Teig in gut esslöffelgroßen Portionen hineingeben und bei mittlerer Hitze von beiden Seiten goldbraun braten. Der Teig ergibt etwa acht Pancakes. 5 Den Hanfknusper in kleine Stückchen brechen. Die Pancakes auf zwei Teller geben, die Pflaumen darauf anrichten und mit dem Hanfknusper bestreuen.

Tipp Ähnlich wie Pflanzensahne darf Pflanzenmilch im Handel nicht als „Milch" bezeichnet werden und heißt dann zum Beispiel Sojadrink. Einfach ausprobieren, welchen du am liebsten magst, es gibt auch sojafreie Pflanzendrinks auf Basis von beispielsweise Hafer, Dinkel, Reis, Kokosnuss, Mandel und Cashews.

ohne Soja

SCHOKO-ERDNUSS-BLONDIES

So müssen Blondies sein: durch und durch fudgy, also so saftig und weich und üppig, dass man schon beim Anschauen genau weiß, was einen beim ersten Biss erwartet – nämlich pures Glück auf der Zunge!

Zubereitungszeit 20 Minuten plus ca. 35 Minuten Backzeit
Ergibt 15 Stück

- 20 g goldgelbe Leinsamen
- 150 g Kokosöl
- 125 g Erdnussmus
- 1 TL Vanilleextrakt
- 150 g mit Kokosblütenzucker, Dattelsüße oder Vollrohrzucker gesüßte vegane Bitterschokolade (70 % Kakaoanteil)
- 100 g geröstete, gesalzene Erdnusskerne
- 200 g Dinkelmehl (Type 630)
- 3 TL Backpulver
- 150 g Birkenzucker (Xylit)
- 150 g Kokosblütenzucker
- 1 Prise Salz
- 100 g Apfelmus

Außerdem
eckige Backform (ca. 20 × 25 cm)

1 Den Backofen auf 200 °C Ober-/Unterhitze (oder 180 °C Umluft) vorheizen. Die Backform mit Backpapier auslegen. 2 Die **Leinsamen** im Mörser oder Blitzhacker fein mahlen. Mit 150 ml kaltem Wasser verrühren und etwa 10 Minuten quellen lassen. 3 Inzwischen das **Kokosöl** bei niedriger Hitze schmelzen, etwas abkühlen lassen, dann 50 g **Erdnussmus** und **Vanilleextrakt** unterrühren. Die **Schokolade** gleichmäßig grob hacken, **Erdnüsse** ebenfalls grob hacken und jeweils 1 EL von beiden beiseitestellen. 4 **Mehl, Backpulver,** beide **Zuckersorten** und **Salz** in einer Schüssel vermischen. Gequollene Leinsamen, **Apfelmus** und Kokosöl-Erdnussmus-Mischung einrühren, dann Schokolade und Erdnüsse unterheben. Den Teig in die Form geben und glatt streichen. Übriges Erdnussmus auf die Teigoberfläche klecksen und beiseitegestellte Schokolade und Erdnüsse daraufstreuen. 5 Im vorgeheizten Ofen auf der mittleren Schiene etwa 35 Minuten backen, dabei zwischendurch abdecken. Herausnehmen und ganz auskühlen lassen, dann in 15 Stücke schneiden.

ohne Soja

MOHN-HEFESCHNECKEN

Wie praktisch: Einfach abends den Hefeteig ansetzen, die Füllung zubereiten, die Schnecken formen und ab damit in den Kühlschrank. Am nächsten Tag kannst du dich und deine Liebsten mit ofenwarmen, nach Hefe und Mohn duftenden Teigschnecken verwöhnen. Klingt das nicht verlockend?

Zubereitungszeit 40 Minuten plus ca. 90 Minuten Ruhezeit, 30 Minuten Garzeit, Ruhezeit über Nacht und ca. 35 Minuten Backzeit

Ergibt 12 Stück

Für den Teig

- 1 Würfel frische Hefe (42 g)
- 500 g Dinkelmehl (Type 630) plus etwas zum Bestäuben
- 250 g Dinkelvollkornmehl
- 150 g Kokosblütenzucker
- 50 g Sonnenblumenöl plus etwas zum Einfetten
- 1 Prise Salz

Für die Füllung

- 200 g Mohnsaat
- 75 g Ahornsirup plus 2 EL zum Bestreichen
- 1 TL gemahlener Zimt
- 2 EL vegane Margarine
- 75 g Rosinen

1 Am Vortag für den Teig die **Hefe** in 350 ml handwarmem Wasser auflösen. Mit allen anderen **Teigzutaten** in der Küchenmaschine mit dem Knethaken 10 Minuten kneten. Abgedeckt etwa 60 Minuten auf das doppelte Volumen gehen lassen. 2 Inzwischen für die Füllung den **Mohn** in 1 l Wasser aufkochen und bei kleiner Hitze 30 Minuten köcheln lassen. In ein feines Sieb abgießen, gut abtropfen lassen, dann den Mohn mit einem Esslöffel ausdrücken. Mohn, **Ahornsirup** und **Zimt** im Standmixer gründlich mixen, bis die Mohnsamen platzen und die Masse grau wird. Die **Margarine** schmelzen und mit den **Rosinen** unterrühren. 3 Eine große Auflaufform (etwa 24 × 30 cm) **einfetten.** Den Teig auf der **bemehlten** Arbeitsfläche zu einem etwa 40 × 30 cm großen Rechteck ausrollen. Die Füllung darauf verstreichen und den Teig zu einer Rolle aufrollen. Die Teigrolle in zwölf Scheiben schneiden, mit den Schnittseiten nach oben in die Auflaufform setzen und 30 Minuten gehen lassen. Dann abgedeckt in den Kühlschrank stellen. 4 Am nächsten Tag die Schnecken etwa 60 Minuten bei Raumtemperatur gehen lassen. Den Backofen auf 180 °C Ober-/Unterhitze (oder 160 °C Umluft) vorheizen. Schnecken im vorgeheizten Ofen etwa 35 Minuten goldbraun backen, falls nötig, zwischendurch abdecken. 5 Die Auflaufform herausnehmen. Den zusätzlichen **Ahornsirup** mit 1 EL Wasser verrühren und die heißen Schnecken damit bestreichen. Lauwarm abkühlen lassen.

ohne Soja

ABSPANN

ZUTATENREGISTER

REZEPTREGISTER

Weitere Bücher von Anne-Katrin Weber und Wolfgang Schardt

Deftig vegetarisch

Sie lieben vollen Geschmack, Röstaromen und Würze satt, würden aber gern ab und zu oder ganz auf Fleisch verzichten? Über 70 einfach zuzubereitende, jedoch raffinierte Rezepte zeigen Ihnen, was vegetarische Küche leisten kann und wie man beim Braten, Schmoren, Gratinieren, Frittieren, Grillen, Rösten, Marinieren, Karamellisieren, Backen oder Panieren den vollen Geschmack auf den Teller bekommt.

Ob Kaspressknödel oder Krautwickel, Caponata oder Ziegenkäsetarte, Quinoa-Bratlinge, Feta in Olivenkruste, Kichererbsenbällchen, Veggie-Burger vom Grill oder Grünkern-Wurzelgemüse-Salat: Jedes Rezept vermeidet Fleisch und Fisch, minimiert konsequent tierische Fette und verwendet frisches, unbehandeltes Gemüse.

Die Küche legt Wert auf frische Kräuter und hochwertige Öle. Traditionelle Rezepte erleben ungeahnte kulinarische Höhenflüge. Neue Rezepte für herzhaft-bodenständige Gerichte werden kreiert. Internationale Klassiker verwandeln sich zu vegetarischen Küchenhits. Und alle Rezepte wurden in der Versuchsküche erprobt.

Deftig vegetarisch: Das sind gesunder Genuss und mehr Lebensfreude – mit Leidenschaft entwickelt von der renommierten Kochbuchautorin Anne-Katrin Weber und ins rechte Licht gerückt vom Hamburger Food-Fotografen Wolfgang Schardt. Ein Buch, das Sie immer wieder verführen wird, wenn Sie mal wieder richtig Lust auf Deftiges haben.

Die vegetarische Fünf-Zutaten-Küche

Aus nur einer Handvoll Zutaten! Schluss mit langen Zutatenlisten und zeitaufwendigem Einkaufen! Anne-Katrin Weber zeigt in diesem vegetarischen Kochbuch, wie man mit maximal fünf Zutaten im Handumdrehen köstliche Gerichte zaubert. Basiszutaten wie Öl, Essig und ein paar Gewürze stehen in jedem Vorratsschrank. Dazu kommen fünf Zutaten, die alle im Supermarkt erhältlich sind. Für den schnellen Durchblick sorgen bebilderte Zutaten in den Rezepten – so weiß man gleich, was einzukaufen ist.

77 Rezepte finden sich in diesem Kochbuch der Erfolgsautorin. Viele davon sind glutenfrei, laktosefrei oder vegan. Unkompliziert und genussvoll sind sie alle!

Anne-Katrin Weber legt seit jeher großen Wert auf eine gesunde, saisonale Küche – egal, ob es sich um sättigende Salate, Suppen, mediterrane oder asiatische Gerichte, Knuspriges aus dem Ofen oder süße Schmankerl dreht.

Ein paar Kostproben gefällig? Avocado-Gurken-Tatar mit Limettenschmand, Süßkartoffelsuppe mit gerösteten Kichererbsen, Möhrennudeln mit Haselnuss-Feta-Pesto, Masala-Kartoffeln mit rotem Linsen-Dhal, Ramenburger mit Räuchertofu, Flammkuchen mit Ziegenkäse und Apfel, Mango-Nicecream – alles getreu dem Motto: minimaler Aufwand, maximaler Genuss!

Deftig vegetarisch schmoren • backen • braten • rösten • panieren • grillen // 29,95 EUR (D), 30,80 EUR (A) // ISBN 978-3-95453-017-5
Die vegetarische Fünf-Zutaten-Küche Schnell, einfach und köstlich // 29,95 EUR (D), 30,80 EUR (A) // ISBN 978-3-95453-164-6

BECKER JOEST VOLK VERLAG

Deftig vegetarisch

Die vegetarische Fünf-Zutaten-Küche

Wir danken dem kulinarischen Duo Anne-Katrin Weber und Wolfgang Schardt (www.veggie-licious.de) für dieses wunderbare Buch. Nach der erfolgreichen „Deftig vegetarisch"-Serie freuen wir uns nun sehr über eine vegane Fortsetzung. Anne-Katrin Weber, ganz herzlichen Dank für die köstlich-innovativen Rezepte sowie für das wunderbare In-Szene-Setzen der Gerichte beim Fotoshooting. Wolfgang Schardt, Danke für die erneut großartigen Fotos, die einem das Wasser im Mund zusammenlaufen lassen. Ganz lieben Dank an Pauline Franz für die großartige tatkräftige Unterstützung in der Küche während des Shootings! Danke an Şebnem Yavuz für das Rezeptlektorat, das diesmal mit besonders viel Vorfreude aufs Kochen einherging. Vielen lieben Dank an Doreen Köstler für die Argusaugen im Endlektorat aller Inhalte.

Vielen Dank an Anne Krause für die gelungene Gestaltung und den Satz dieses Buches. Danke an Ellen Schlüter für die Bildbearbeitung, an Valerie Mayer für die Orga rund um Fachlektorat und PR und an Katerina Stegemann sowie Annika Steinacker für ihren Einsatz in Marketing und Vertrieb.

IMPRESSUM

Originalausgabe
Becker Joest Volk Verlag GmbH & Co. KG
Bahnhofsallee 5, 40721 Hilden, Deutschland

3. Auflage April 2021

ISBN 978-3-95453-198-1

Autorin und Foodstyling: Anne-Katrin Weber
Fotografie: Wolfgang Schardt
Porträt Seite 9: Claudia Weingart
Projektleitung: Johanna Hänichen
Typografische Konzeption, Cover- und Buchgestaltung, Buchsatz: Dipl.-Des. Anne Krause
Bildbearbeitung: Ellen Schlüter und Makro Chroma Joest & Volk GmbH & Co. KG, Werbeagentur
Fachlektorat Rezepte: Şebnem Yavuz
Koordination Fachlektorat: Valerie Mayer
Lektorat: Doreen Köstler
Druck: Firmengruppe Appl, aprinta druck GmbH

WWW.MENGENRECHNER.DE – UNSER KOSTENLOSER SERVICE FÜR SIE

Ausführliche Infos
Seite 180

BECKER JOEST VOLK VERLAG
www.bjvv.de